SHODENSHA
SHINSHO

# 日本史を変えた八人の将軍

本郷和人
門井慶喜



祥伝社新書

# はじめに——松本清張にも聞かせたかった

門井慶喜

松本清張《まつもとせいちょう》は生前、

「なるほど学者というのは知識はあるが、文章が下手だ。ああもむつかしく書くのでは大衆へは届かない」

と言い言いした。この発言の裏にはもちろん、自分は、というより作家そのものが、——知識では少々劣《おと》るけれども、大衆に耳をかたむけさせる能力は上だ。

という自負があったのだろう。そうして私の見るところ、この場合の「学者」とは哲学者や数学者や経済学者ではない。日本史の研究者にほかならなかった。日本史こそは、ことに古代史と近代史は清張の興味の中心であり、真摯《しんし》な勉強の対象だったからである。

実際、この捨てぜりふへの有力な反証となり得る人は、当時はたぶんいなかった。研究者のほうの世界でもジャーナリズムに顔を出すことをよしとしない風潮がつよく、

——ああ、また文士が何か言ってる。

くらいの認識だったのではないか。

それがどうだろう。おそらく小和田哲男《おわだてつお》氏あたりが嚆矢《こうし》かと思われるが、現在はその反

証がたしかにある。数こそ多くないものの、不朽《ふきゅう》の業績をほこる専門家であることと、一般読者への平易な解説者であることを一身にして兼ねる人。わけても近年もっとも活躍いちじるしいのが東京大学史料編纂所教授・本郷和人氏であることは、いまさら言うまでもないだろう。氏が新聞に、雑誌に、その他のメディアに書く文章はぜんぜんむつかしくなく、すんなり理解できて、しかし読み終えてみると複雑で大事なことばかり。テレビの解説も同様だ。私など、はるか遠くから眺めては、

——この人は、どういう頭脳のもちぬしなんだろう。

などと感嘆をこえて呆然としたものだが、その本郷氏とこのたび対談することとなり、初対面の挨拶《あいさつ》をした五分後に、エレベーターのなかで、

「門井さんの同業者で、いま、おもしろいと思う人は誰ですか」

と聞かれたことは忘れられない。ここでの「同業者」とはむろん作家、ことに若手のそれのことで、氏には一種の外国のはずだが、その外国に対するこの好奇心の旺盛さ、知的な貪欲《どんよく》さ。アカデミズムとかジャーナリズムとかいう以前にまず素《す》の人間としての、氏の活《い》きた精神にふれた気がした。

あるいはこの精神こそ、氏のあの専門家と啓蒙家を「一身にして兼ねる」活躍の根幹に

あるものかもしれぬ。それはさながら、子供が蝶を追いかけるような……と書こうとして、ひとつ思い出した。対談が進み、ちょうど徳川慶喜《とくがわよしのぶ》を論じているとき、

「あ」

と氏はふいに破顔して、

「そうか。僕はいま、慶喜さんと慶喜について語ってるんだ」

年上の方に対して失礼かもしれないが、そのときの氏の目は、じつに少年らしかった。とにかく感受性の幅がひろいのである。残念なことに、私のほうは氏ほど頭がやわらかくなく、うまく切り返すことができなかった。

ただ笑みを返しただけ。帰りの新幹線のなかで、ようやく思いついた。その日の対談は氏の勤務先である東京大学史料編纂所でおこなわれたのだから、

「そうなんです。僕はいま、本郷さんと本郷で語ってます」

とやればよかったのだ。我ながら気のきかない話だけれども、ひるがえして考えれば、終了後ずいぶん経《た》ってからもなおそんなふうに反芻《はんすう》できるほど、それほどこの対談は充実していた。泉下の松本清張もさだめし莞爾《かんじ》としているのではないか。あの人はときどき口が悪かったけれど、認めるものは認める人だった。

目次

第二章

# 源頼朝――頼朝が望んだのは征夷大将軍ではない!?

## 第三章　足利尊氏――うかがい知れない英雄の心中

## 第四章 足利義満——最大の権力者が求めたもの

## 第五章　織田信長と豊臣秀吉——将軍権威を必要としなかった覇者

## 第六章 徳川家康——今も影響を与え続けている家康の選択

## 第七章 徳川吉宗——幕府中興の祖がなしえなかったこと



## 第八章 徳川慶喜——英明か、凡庸か。勝利者か、敗残者か

## 第九章　西郷隆盛——近代最初の将軍であり、封建制最後の将軍

結

## 将軍が日本史に果たした役割





編集協力　瀧井宏臣
図表作成　篠　宏行
本文デザイン　盛川和洋

序

# 将軍とは何か

## 地位か、人か

**本郷**　二〇一九年四月三十日、明仁《あきひと》天皇が生前退位され、上皇と呼ばれることになりました。現在、世界にはヨーロッパを中心に三〇ほどの王室があり、生前退位は普通に行なわれています。そして、その地位を退《しりぞ》いたあとは前国王となり、権威や権力は大きく失われます。極論すれば〝ただの人〟になってしまうわけです。

いっぽう、日本の場合は天皇という「地位」ではなく、天皇であった「人」が尊重されます。たとえば、京都で天皇の行列と上皇の行列が遭遇した場合、天皇が上皇に頭を下げます。また、朝覲行幸《ちょうきんぎょうこう》（天皇による上皇、皇太后への年頭挨拶《あいさつ》）のように、天皇のほうから上皇に御機嫌伺《うかが》いに行くわけです。このように、地位ではなくて人が優先されるのが、日本社会の特徴です。

**門井**　確かに、よく「部長のイスに座る」「社長のイスに座る」などと言いますね。本郷さんの話からすると、ヨーロッパでは価値があるのはイスであり、日本では人である。だからリタイアしてもなお、その人に価値が残っているということになります。ヨーロッパは肩書き主義で、日本はその人主義ということかもしれません。

そう言えば、日本では後白河《ごしらかわ》上皇をはじめとして退位後に院政《いんせい》を行ない、成功例もあります。将軍は武家のトップですが、院政に近い例もあります。たとえば、第四章で触れる足利義満《あしかがよしみつ》や第六章で触れる徳川家康《とくがわいえやす》など、彼らは将軍職を譲《ゆず》ったあと「大御所《おおごしょ》」として権力を行使しました。また、これは将軍ではありませんが、平清盛《たいらのきよもり》も出家して俗世間を離れたにもかかわらず、権力を振るいました。

そうなると、将軍という地位に価値がないわけではありませんが、人間に箔《はく》をつける装置とまで言ったら言いすぎでしょうか。

**本郷**　その認識でまちがっていません。少なくとも、初期はそうだったと思います。

## 将軍は征夷大将軍だけではない

**本郷**　一口《ひとくち》に将軍と言っても、征夷大将軍《せいいたいしょうぐん》をはじめとして鎮東《ちんとう》将軍や征西《せいせい》将軍など、さまざまな名称が存在しますが、実はその地位に実態があるわけではない。むしろ、その人物の実力を表わすために名称をつけている節《ふし》があります。

**門井**　源頼朝《みなもとのよりとも》は征夷大将軍と右近衛大将《うこんえのだいしょう》に任命されていますが、官職としては征夷大将軍のほうが上ですね。

**本郷**　先に任命されたのは右近衛大将ですが、どちらが上とは言えません。右近衛大将は常置の職ですが、征夷大将軍は常置の職ではないからです。大将には貴族もなります。たとえば大納言《だいなごん》が一〇人ほどいたとして、そのなかでひとりずつ右近衛大将と左近衛《さこんえ》大将に任命される。そして、大将を兼務した大納言が先に大臣になれる。大臣のポストは内大《ないだい》臣《じん》、右《う》大臣、左《さ》大臣、太政《だいじよう》大臣と四つしかありません。そのなかで誰かが辞《や》めると、玉突きで繰《く》り上がるわけです。

**門井**　つまり、内大臣が空《あ》くと、そこに大将を兼ねた大納言が昇格するわけですね。

**本郷**　そうです。大将は大納言と大臣の中間に位置する重要な官職です。もちろん、右近衛大将や左近衛大将に任命されても武官になるわけではなく、あくまでも文官です。これら常置の職と違い、征夷大将軍は官職においてどこに位置するか決まっていません。ですから、征夷大将軍は別立ての官職と考えたほうが理解しやすくなります。

**門井**　征夷大将軍は令外官《りようげのかん》(律令制《りつりようせい》において令に規定のない官職)ですから、現代風に言えば非常勤の嘱託《しよくたく》あたりか。だとすると、貴族社会では大将、大納言のほうが上と見られたでしょうね。

**本郷**　室町幕府では初代・足利尊氏《たかうじ》と第二代・義詮《よしあきら》は大納言で征夷大将軍ですから、右近衛大将、左近衛大将とほぼ同格です。ちなみに、二人とも大臣にはなっていません。平清盛は内大臣から太政大臣にまで上り詰めています。だから、頼朝も望めばなれたと思いますが、ならなかった。それは「俺は征夷大将軍でけっこう。平氏のようにはならないぞ」という意思表示だったのかもしれない。

**門井**　のちに、義満は征夷大将軍と左大臣を兼務しています。ということは、制度的には将軍と大臣を兼務できるけれども、頼朝はそうしなかった。そうなると、ここで清盛、頼朝、義満が鮮明に分かれますね。清盛は大臣、頼朝は将軍、義満は両方ということになります。

## 言葉の意味から探る

**門井**　将軍という言葉の「将」の字について考えてみましょう。この字は訓読みでは「ひきいる」「もちいる」となりますが、軍を率《ひき》いることを意味する漢字は「将」だけでなく、「帥《すい》」もあります。

**本郷**　元帥《げんすい》の帥ですね。

**門井**　中国の古典を読むと、「将」と「帥」は同じぐらいの頻度で出てくる印象がありますが、日本の古典では「大将」「武将」「主将」など「将」の頻度が高い。これをなぜかと考えると、「将」という字の音《おん》が勝利の「勝」と同じだからではないか。口に出して気持ちがいい。いっぽう、「帥」はそこまでの気持ちよさがない。素朴な言霊《ことだま》信仰と言ってもいいかもしれません。

鎌倉時代以降、武家に信仰されたものに勝軍地蔵《しょうぐんじぞう》があります。右手に錫杖《しゃくじょう》、左手に如意宝珠《にょいほうじゅ》を持ち、軍馬にまたがっている。武士たちは勝利を祈願したそうです。

**本郷**　司馬遼太郎《しばりょうたろう》さんの小説『おれは権現《ごんげん》』には、愛宕《あたご》権現の勝軍地蔵が出てきます。ちなみに、戦国期の武将・直江兼続《なおえかねつぐ》の兜《かぶと》に象《かたど》られた「愛」の字は愛宕権現の愛で、ラブの愛ではありません。

**門井**　鎌倉幕府成立から江戸幕府の終わりまでの武家七〇〇年間、「将」は武家によって使われてきました。その歴史があまりに濃《こ》すぎたこともあり、武家政治を否定して成立した明治維新ではあえて「帥」を使った、あるいは使わざるをえなかったと私は考えています。実際、軍事のトップである天皇は大元帥《だいげんすい》となりました。

**本郷**　五世紀、倭《わ》の五王（讃《さん》・珍《ちん》・済《せい》・興《こう》・武《ぶ》）の時代、武は宋《そう》から安東大将軍《あんとうだいしょうぐん》に任じられました。中国は国土が広く、将軍もたくさんいましたから、将軍にも格がありました。上から順に大将軍《だいしょうぐん》、驃騎《ひょうき》将軍、車騎《しゃき》将軍……ときて、安東大将軍は真ん中くらい。それほど格は高くありませんでした。いっぽう、倭では将軍であるだけで特別な人物と見なされたでしょう。しかし、前述のように日本では地位よりも人が優先されるので、あまり名前にこだわる必要はない気がします。

**門井**　そう考えると、坂上田村麻呂《さかのうえのたむらまろ》をはじめとする将軍は、軍を率いて敵を倒す職能にすぎないわけだから、アメリカの南北戦争時のロバート・E・リー将軍や日露戦争における乃木希典《のぎまれすけ》将軍にイメージが近いと考えていいでしょうか。ある意味で近代的と言えるかもしれません。

**本郷**　田村麻呂はそうでしょうね。そうとらえると、頼朝から始まる将軍との違いがはっきりしてきます。

## 将軍の権限

**門井**　坂上田村麻呂が征夷大将軍として東北に遠征した際、蝦夷《えみし》の軍事指導者アテルイ（阿弖流為）を連れて帰ってきました。田村麻呂はアテルイの助命を願い出ますが、朝廷の命で処刑されるのです。命を助けるにしても殺すにしても、わざわざ都《みやこ》に連れてくる必要はない。現地でできたはずですし、それが戦争の常道です。にもかかわらず、あえて連れてきたのはなぜか。

将軍である田村麻呂には判断できず、朝廷の指示を仰ぐ必要があったと考えるのが自然です。そうだとすると、後世ほど、将軍には権限が与えられていなかったと推測します。

**本郷**　田村麻呂が遠征した頃、東北地方は広大な土地にもかかわらず、太平洋側に陸奥国《むつ》（現・青森県、岩手県、宮城県、福島県）、日本海側に出羽国《でわ》（現・秋田県、山形県）しかありませんでした。これは、朝廷が東北地方を治める気がなかったことを示しています。ということは、正確な地図もなく、どこにどのような人たちがどのくらい住んでいるのかがわかっていなかった可能性が高い。

現代であれば、行政組織にも軍事組織にも事《こと》こまかな規定があり、目標地点に着いたら、兵士に休養を取らせ、補給を受けるなどの配慮がなされるでしょうが、当時はたとえ規定があったとしても守りようがなかったと思うのです。むしろ将軍の権限や兵士の義務が明確に定められていなかったと考えたほうが、のちに頼朝が将軍になる時の事情が理解しやすくなります。

**門井**　律令の規定は守られなかったのですか。

**本郷**　確かに、律令にはこまかな規定がありました。たとえば国司《こくし》（現在の県知事）はこのような仕事をしなさい、税金はこのように取りなさいなどと書かれていました。しかし、それは努力目標であって絵に描いた餅《もち》だと理解したほうがいい。古代の日本で律令に書いてあるような緻密《ちみつ》な国家づくりがなされていたら、その後のカオスはなかなか説明できませんから。

**門井**　『続日本紀《しょくにほんぎ》』などでは、アテルイが暴れ回ったから朝廷が坂上田村麻呂を派遣して征伐したというストーリーになっていますね。

**本郷**　その記述は、朝廷支配を正当化するためのものです。当時、律令政府は東北地方の実効支配に至っておらず、あくまで努力目標にとどまっていたのが実情です。

七世紀後半の天武《てんむ》天皇の治世《ちせい》、全国に国が置かれました。その後、都の東側には三つの関所——北陸道《ほくりくどう》の愛発関《あらちのせき》、東山道《とうさんどう》の不破関《ふわのせき》、東海道《とうかいどう》の鈴鹿関《すずかのせき》——が置かれました。つまり、ここまでしか朝廷の勢力はおよんでおらず、関の東側、つまり関東地方は未開の地だったわけです。それが平将門《たいらのまさかど》の頃になると土地争いが頻発《ひんぱつ》していますから、開発が進んだことがわかります。

田村麻呂の遠征（八〇一～八〇三年）は、天武天皇の治世と将門が活躍した時期の間にあたりますから、関東地方はもとより東北地方は未開の地だった可能性が高いのです。ドイツのシュバルツバルト（黒い森）をイメージすればわかりやすいかもしれません。

## 将軍に求められたもの

**本郷**　将軍は、多くの兵士を率いて軍事行動を取り、勝利を収めなければなりません。しかし、誰だって痛い思いをするのは嫌ですし、死ぬのはもっと嫌です。そのような兵士たちに、ある程度の規律を守らせて戦わせなければならない。だから、どのようにして規律を守らせ、しかも敵を倒すことに命を賭《か》けさせるかを、将軍たちは必死で考えたでしょう。

たとえば、『三国志《さんごくし》』の武将・関羽《かんう》は自《みずか》ら青龍偃月刀《せいりゆうえんげつとう》を振り回して敵陣に突撃、俺のあとについてこいと兵士を鼓舞《こぶ》しました。しかし、このような蛮勇《ばんゆう》も時に必要かもしれませんが、大将がそれを行なうのは危険です。

**門井**　そんなことをして大将が討《う》ち取られたら、負けですからね。近代的な軍隊は当然ながら、そのような戦いはしません。戦国時代でも多くの武将たちは軍勢の最後尾にいて、指揮を執《と》っていました。その意味では、川中島《かわなかじま》の戦いで上杉謙信《うえすぎけんしん》が武田信玄《たけだしんげん》に一騎打ちを挑《いど》んだのは、事実だとしたら異例だと思います。

**本郷**　いっぽう、徳川家康は「一軍の将たる者は、味方諸人《しよじん》の盆《ぼん》の窪《くぼ》ばかり見ていて、勝てる者にてはなし」と述べています。盆の窪とは、首のうしろの部分です。つまり、味方のうしろにいて、戦いの最前線に立たない者で勝った武将などいない。逆に言えば「大将は時として最前線に立て」と言っているわけです。

将軍には何よりも、兵士を戦う気にさせる、彼らの士気を上げることが求められたのです。

## 幕府とは何か

**門井**　将軍の居所《きょしょ》を「幕府」と呼びますが、この「幕府」という言葉についてはいかがでしょう。

**本郷**　たとえば、タイムマシンで鎌倉時代に行き、鎌倉幕府の御家人《ごけにん》たちに「あなたたちは何という団体に所属していますか」と聞いたら、「幕府」と答える人はひとりもいないでしょう。同様に、江戸幕府の幕閣に同じ質問をしたら、「柳営《りゅうえい》」と答えるでしょう。「幕府」という言葉を知っているのは、おそらく室町時代の禅僧ぐらいです。

　幕府とは、明治時代に歴史学者たちが武家政権を何と呼ぼうかと考え、使い始めた言葉なのです。

**門井**　学術用語なのですか。

**本郷**　中国では、将軍が出征中に幕《まく》を張って軍務を執り行なった陣営のことを「幕府」と呼びました。この幕は 遡《さかのぼ》れば、モンゴルなど騎馬民族が暮らすテント「ゲル」に通じると思います。中国の王朝下、異民族を討伐するために遠征した将軍がゲルを拠点にした。それが転じて、将軍の居所を「幕府」と言うようになったのです。幕府は都から遠く離れており、皇帝にお伺いを立てなくても、将軍が自分で決裁することが許されていました。つまり専権を許されている存在が幕府であり、そのトップが将軍だった。

明治時代の歴史学者にすれば、都はあくまで京都であり、鎌倉にある武士の政権は朝廷の出先機関のようなもの。しかも、朝廷に諮《はか》らずに軍務・政務を行なっている。それで「幕府」という名前を使うようになったのです。学術用語です。

**門井**　確かに、江戸時代の史料に目を通していて、幕府という言葉は見たことがありません。「公儀《こうぎ》」という言葉はけっこう出てきます。公儀は江戸幕府を指す固有名詞のようになりましたが、もともとは普通名詞でオフィスぐらいの意味ですね。

幕府という語は、言葉としては矛盾《むじゅん》を孕《はら》んでいます。本郷さんが述べたように、幕府の「幕」はいわゆる陣幕を指します。そして統率機能を持ち、移動性が高いという特徴があります。いっぽう、幕府の「府」は役所ですから、固定されて移動性がない。この矛盾した語がピタッとくっついているところにおもしろさがあると同時に、日本史における幕府の本質と変遷を表わしているように思います。

**本郷**　天皇は京都にいて動かないけれども、幕府の場所は動く、と。

**門井**　坂上田村麻呂は幕府も政権もつくっていませんが、遠征先で幕を張って野営をしたかもしれません。その意味では、幕府の「幕」です。その後、成立した鎌倉幕府・室町幕府・江戸幕府は固定された役所ですから、幕府の「府」です。つまり、「幕」から「府」になっていった。

**本郷**　だから、『家康、江戸を建てる』(門井慶喜著) なのですね (笑)。徳川家康は、関東の田舎を江戸として、「府」にした。まさに開府ですね。

　幕府という言葉については、日本史学会で笑えないことが起きています。承久《じようきゆう》三 (一二二一) 年の承久の乱で、後鳥羽《ごとば》上皇は「北条義時《ほうじようよしとき》を討て」と命じました。「鎌倉幕府を倒せ」とは言っていない (本郷和人著『承久の乱』)。ところが、このことをもって、後鳥羽上皇には幕府を倒す意思がなく、義時あるいは北条一族を倒すことを命じたと解釈する研究者がいて、その主張がけっこう受け入れられているのです。

　私は「ちょっと待ってくれ」と言いたい。幕府という言葉が当時使われていない以上、「鎌倉幕府を倒せ」と言えるわけがない。執権の義時は鎌倉幕府のトップであり、その義時を討て＝鎌倉幕府を倒せ——であることは理の当然です。

**門井**　現代政治に置き換えれば、野党が「安倍《あべ》首相を倒せ」と叫んだ場合、それは首相を安倍晋三《しんぞう》から別の人物に替えることではなく、自民党政権そのものを下野《げや》させることです。少なくとも理念的には。

**本郷**　歴史を見る時に、当時の状況を考えずに、言葉や概念だけが独《ひと》り歩きすることはまちがいであるだけでなく、危険だと思います。

# 第一章

# 坂上田村麻呂

## ――すべてはここから始まった

## 将軍伝説の始まり

**本郷**　坂上田村麻呂（七五八〜八一一年）は、渡来氏族・東漢《やまとのあや》氏をルーツとする坂上氏の出身。坂上氏は、軍事部門を得意とする氏族です。田村麻呂は延暦《えんりやく》十（七九一）年から蝦夷征討に参加していましたが、延暦十六（七九七）年に桓武《かんむ》天皇より征夷大将軍に任命され、数万の兵を率いて遠征したとされています。しかし、それが統率の取れた軍事行動だったとは思えません。

**門井**　源平《げんぺい》の頃とはまったく違うということですか。

**本郷**　源頼朝が挙兵した時、平清盛は討伐軍を編成しました。『平家物語《へいけものがたり》』では、その軍勢を七万人と記していますが、実際には四〇〇〇人程度と見積もられています。それについて、貴族が日記に「見たこともない大軍」と書いています。四〇〇〇人の軍勢が都を出発して富士川《ふじがわ》（現・静岡県富士市）まで進みましたが、食糧が補給できず、兵がどんどん逃亡して数が減っていった。士気も落ちて、水鳥の羽音を頼朝軍が攻め寄せたものと思って逃げてしまった。

このケースを考えた時、田村麻呂の軍勢が数万の兵を引き連れて、東北まで遠征したという記録が、私には信じられないのです。

**門井**　『平家物語』のはるか昔の話ですものね。しかも田村麻呂のほうが距離が長い。そうなると、出兵そのものは事実としても、頼朝以後の人がそこへ将軍伝説をくっつけたと考えたほうが合理的かもしれない。

それまで、「将軍」としては鎮東将軍、征西将軍、鎮守府《ちんじゅふ》将軍などいろいろあったけれども、田村麻呂のエピソードから征夷大将軍はすごいんだとあとから評価されるようになったと考えるべきではないでしょうか。たとえば、日露戦争後に「連合艦隊司令長官」の名が単なる役職以上の響《ひび》きをもって受け入れられたように。

**本郷**　同感です。

**門井**　伝説という言い方をしましたが、田村麻呂には薬子《くすこ》の変を鎮圧した確たる実績があります。薬子の変は、大同《だいどう》五（八一〇）年に平城《へいぜい》上皇と嵯峨《さが》天皇の対立に端《たん》を発した、当時の政界をゆるがす大事件です。結果として平城上皇が出家し、寵臣《ちょうしん》の藤原仲成《ふじわらのなかなり》が射殺され、その妹である薬子は自殺しています。これは蝦夷征討と異なり、細部まで明らかになっていますから、まちがいなく田村麻呂の実績です。

これら田村麻呂の実績が伝説化したために、さまざまな将軍職が存在し、将軍がいたけれども、征夷大将軍だけが名称として残ったというのが私の考えです。言葉の自然陶汰です。

## 西国型国家《さいごく》

**本郷**　当時の日本を理解する時、日本列島が均一ではなく、京都以西を中心とした西国型国家だったと考えるとわかりやすい。天智《てんじ》二（六六三）年に、白村江《はくそんこう》の戦いで倭・百済《くだら》軍が唐《とう》・新羅《しらぎ》軍に大敗を喫《きっ》するまで朝鮮半島に利権を持っており、朝鮮半島や中国大陸への意識がありました。ところが八世紀以降、東国《とうごく》での反乱に備えて将軍を置いたわけです。

**門井**　西国ではもともと、国（日本）としてのまとまりがあった。でも、白村江ショックで朝鮮半島や大陸方面がだめになったから、東方に目を向けるようになったのかもしれません。

**本郷**　関東地方や東北地方が日本の一部になるのはかなりあとのことで、だからこそ頼朝や家康の果たした役割は大きいと言えます。

陸奥国の平泉《ひらいずみ》に毛越寺《もうつうじ》（現・岩手県西磐井《にしいわい》郡平泉町）がありますが、その名称はすこし奇妙です。これは、毛野《けぬ》（主に上野国《こうずけ》〔現・群馬県〕と下野国《しもつけ》〔現・栃木県〕）と、越《こし》（主に越前国《えちぜん》〔現・福井県の一部〕と越中国《えっちゅう》〔現・富山県〕と越後国《えちご》〔現・佐渡《さど》市を除く新潟県〕）を見渡してもないほどすばらしい寺という意味であると推測されます。

おそらく、当時は国にもランクがあり、まず畿内《きない》（山城国《やましろ》〔現・京都府南部〕・大和国《やまと》〔現・奈良県〕・河内国《かわち》〔現・大阪府南東部〕・和泉国《いずみ》〔現・大阪府南部〕・摂津国《せっつ》〔現・大阪府北西部、兵庫県南東部〕）が一番。次がそれ以外の地方ですが、東国は西国に比べ二段も三段も下に位置されていました。

**門井**　畿内の貴族や市民にすれば、一段下の人たちはさほど恐くない。でも、三段下、四段下になると言葉も通じない感じなので、恐怖の対象になる。その点でも、田村麻呂の遠征には意味があったと思います。

**本郷**　二〇一一年に東日本大震災が起きた時、関西の人たちからすればやや遠く感じたと聞いたことがあります。ところが、私のような関東の人間からすると、他人事《ひとごと》ではない。東京でもかなり揺れましたが、東北地方が地震や津波に見舞われたのは隣近所が被災した印象です。いっぽう、二〇一八年に四国や中国地方で起きた集中豪雨は、東京にいるとなかなか実感が湧《わ》かない。

**門井**　心理的な距離感があるわけですね。

**本郷**　現在でもそうですから、当時はもっと遠かったでしょう。京都の人にとって、東北地方は距離的にも心理的にも相当遠く、いわば別世界に感じていたと思います。

## 現地調達

**本郷**　遠征軍の派遣で懸案となるのが兵站《へいたん》。つまり、食糧や物資の補給です。田村麻呂の遠征の時、兵士たちはどのように食事をして、休息を取ったのでしょうか。

当時の律令の規定によると、国衙《こくが》つまり今の県庁に行くとこれぐらいの補給を受けられるといった決まりはあったと思いますが、実際には守られなかった可能性が高い。そうなると、もう現地調達しかありません。要するに現地で奪い取るわけです。

武田信玄や伊達政宗《だてまさむね》は侵攻先で皆殺し作戦をしたことがありますが、すぐにやめています。皆殺しにしたら、のちに自分の領地になった時、領民が言うことを聞かなくなるからです。北条早雲《ほうじようそううん》などは伊豆《いず》国（現・静岡県の伊豆半島）を支配した時、逆に税を軽くすることで領民の支持を得ています。

織田信長《おだのぶなが》は京都に入った時、女性にちょっかいを出した兵を自ら斬り捨てたというエピソードがありますが、規律を厳格に守りながら戦争するのはとても難しいことです。

**門井**　戦争というのは、一兵卒レベルで見れば男の錯乱行為なので、どうしても略奪や女性への暴行がついて回ります。これは世界史を見ても、共通しています。

**本郷**　率直に言えば、前近代的な戦いでは兵に分け前を与える、つまり財宝を奪い、女を犯すのが基本だった。それによって、軍を維持した。田村麻呂の軍事行動だけが例外とは考えにくい。そうであったなら、田村麻呂が京都に帰還したあと、東北地方の統治はうまくいかなかったでしょうね。アテルイのような武将や勢力を潰《つぶ》すことができても、東北地方の人たちが朝廷の言うことを聞くとは思えない。たとえ聞いたとしても、それは表向きだけのことで、実際は面従腹背《めんじゅうふくはい》だったでしょう。

身《み》も蓋《ふた》もない話ですが、戦争に行くといい思いができた。略奪や暴行ができたからこそ、兵たちが逃亡したりせずに、遠征を成し遂げることができたと考えられます。その意味では、兵たちの士気を高めるという将軍の役割は、具体的には兵たちに分け前を分配するということでもあったのです。

**門井**　作戦を立てるなど軍事的なことよりも、兵士たちを逃散させずに戦場まで連れていき、戦い、いい思いをさせる。それが名将なんですね。

## 戦争ではなく探検⁉

**門井**　そうなると、田村麻呂の遠征は近代的な意味での軍事行動というよりは、探検や冒険に近いように思います。戦闘も散発的なものであって、継続的なものではなかったかもしれません。極論すれば、一回だけ大きな勝利を得たので、帰ってきた。

しかし、京都の貴族や市民にすれば、東北地方は気候も厳しく、野蛮人が住んでいる。そんなところに行って、戦いに勝ち、無事に戻ってきた。田村麻呂はすごい、と尊敬されたでしょう。これが坂上田村麻呂伝説、征夷大将軍伝説の始まりだったのかなと想像します。

**本郷**　帰還する時には、それなりの土産物を持って帰ってきたでしょう。冒険を成し遂げただけでなく、現地で略奪した金品を持ち帰って、京都の人たちに「こんな珍しいものがありました」と見せれば、みんな大喜びですよ。

**門井**　その土産物の最たるものがアテルイだったかもしれませんね。着ているものからして違ったでしょうし、これは私の想像ですが、顔のつくりも彫りが深く、京都の人からすれば、外国人を見るような感じだった。

遠征先が東北地方だったことは、のちの歴史に影響を与えたと思います。源氏が東国支配を確立したのは、前九年《ぜんくねん》の役《えき》と後三年《ごさんねん》の役です。前九年の役は永承《えいしょう》六（一〇五一）〜康平《こうへい》五（一〇六二）年、源頼義《よりよし》・義家《よしいえ》が陸奥国の豪族・安倍頼時《あべのよりとき》らが起こした反乱を平定した戦いです。後三年の役は永保《えいほう》三（一〇八三）〜寛治《かんじ》元（一〇八七）年、源義家が出羽国の豪族・清原《きよはら》氏を滅ぼした戦いです。

つまり、源氏は東北をダシにして支配権を確立したわけです。ですから、源氏にすれば、田村麻呂の遠征は自分たちを飾る伝説として非常に使いやすいストーリーだった。その利用価値の高さから、ついでに征夷大将軍という地位までもがクローズアップされたのではないかと考えています。

**本郷**　なるほど。

**門井**　兵士のなかには、京都に帰ってきて「俺は一〇〇人に囲まれたが、バッタバッタと斬り倒した」「巨大な熊が襲ってきたが一対一で組み合って倒した」などと吹聴した者もいたかもしれません。しかし、東北に行ったことも、戦争をしたこともない人間には、嘘だとは言えない。話している本人も最初は作り話として語っていても、語っているうちに真実のように思えてくる。話はどんどん大きくなるわけです。

「自分は身分が低いし、能力も高くない。このままでは一生うだつが上がらない。ならば一《いち》か八《ばち》か、遠征に行って金も名誉も得てやろう」といった、クリストファー・コロンブス的な功名心《こうみょうしん》もあったかもしれない。

**本郷**　潜入ルポ的要素もあったでしょうね。人間も風習も違う土地に行って戦い、さまざまな物を収奪して帰ってきたことは、博物学的にも意味があったかもしれません。

**門井**　うんと高尚なところでは、もしかすると、和歌の歌枕《うたまくら》(和歌に詠《よ》まれる名所・旧跡)を増やすという意味があったかもしれません。和歌は三一音で詠みますが、地名がひとつ増えれば一〇〇文字分ぐらい詩的イメージが豊かになるのです。

たとえば『古今和歌集《こきんわかしゅう》』に「陸奥《みちのく》の　しのぶもぢずり　誰ゆゑに　乱れそめにし　我ならなくに」という河原《かわら》左大臣(源　融《みなもとのとおる》)の歌があります。このなかの「しのぶもぢずり」とは福島県の信夫《しのぶ》地方名産の染物《そめもの》のことで、忍草《しのぶぐさ》の汁を布に擦りつけて染めます。忍草を見たことがなくても、陸奥にはそのような美しい花があるらしいと夢想する。その広大な夢想がわずかの字数で表現できるわけです。

天橋立《あまのはしだて》も歌枕ですが、京都の貴族でも実際に見た人は一部しかいなかったはずです。潜入ルポはあらゆる階層の人々に歓迎されたと思います。

## アテルイ軍はなぜ強かったか

**門井**　田村麻呂が遠征して勝利するまで、朝廷軍は連戦連敗でした。アテルイ軍はどうして強かったのでしょうか。

**本郷**　そもそも、戦いの意味合いが双方でまったく違います。朝廷軍は、東北の地で必死に戦う必然性はありません。少なくとも、兵士たちは。彼らにとって、遠征が前述のような冒険心や野心に駆《か》られてのものだとすれば、命がけで戦うという意識になりにくい。しかし、現地の人たちからすれば日常生活を脅《おびや》かされるわけだから、必死で戦います。

しかも、現地の人には慣れ親しんだ土地であり、地の利がある。それを活《い》かしたゲリラ戦法なども取ったに違いない。

**門井**　朝廷軍にすれば未知の土地、しかも周囲は敵だらけ。兵士たちの心情を慮《おもんぱか》れば、恐怖以外の何ものでもない。これを勝利せよ、と言うほうが酷《こく》なような気がします。

**本郷**　桓武天皇による莫大な出費のうち、ひとつは都（長岡京《ながおかきょう》、平安京《へいあんきょう》）の造営であり、もうひとつは戦争（東北地方への遠征）でした。この二つをやめただけで、朝廷は潤《うるお》うようになったと言われています。

遠征つまり対外戦争は博打《ばくち》みたいなもので、うまくいけば儲かるけれども、失敗したら莫大な損失になります。連戦連敗を続けていた朝廷軍を勝利に導き、出費を止めただけでも田村麻呂の功績は大きいでしょう。

**門井**　現代でも、国民が内政に対して不満がある時、政府は外交で点数を稼ごうとしますし、戦争で国民の不満を逸《そ》らすことも歴史上多くの例があります。実際、確かに逸れるんですね。桓武天皇は二つも都を造営したから、その労役に駆り出された人々もまた莫大な数だった。彼らの不満を東北地方に向けさせるための遠征だったという見方もできるかもしれません。その意味では、極端に言えば、勝つ必要もなかったのでしょう。

## 日本版アレクサンドロス大王

**本郷**　田村麻呂は兵士たちを引き連れて未開の地・東北に進軍し、勝利した。言うならば、紀元前四世紀にギリシア・マケドニア連合軍を率いてインドまで遠征したアレクサンドロス大王（アレクサンドロス三世）です。アレクサンドロスはアレクサンドリアを奪い、みんなが帰ろうと言っても耳を貸さずに、「もっと行くぞ」「まだ行くぞ」と進軍しました。

**門井**　ギリシア人にすれば、占領地には目の色が違う美女がいたり、インドの象部隊に出会ったりした。征服であり、探検でもありますね。

**本郷**　もちろん、田村麻呂の遠征は規模も期間もアレクサンドロスに比べればかなり小さい。日本版アレクサンドロスです。

**門井**　そのイメージはしっくりきますね。田村麻呂は遠征から帰ってきたので英雄視されましたが、戦闘で死んだ者や餓死《がし》や凍死した者もいたでしょうし、遠征の途上で逃亡した者もいたでしょう。

**本郷**　ですから、将軍は刀を扱うのがうまかったり、豪傑であったりする必要はない。ましてやアテルイと一騎打ちをする必要もない。司令官として兵士たちをきちんとまとめることができればいいわけです。むしろ、政治家としての能力が要求されます。ということは、田村麻呂は雄々《おお》しい武人というより、人望の厚い、人間力が高い人だったのではないでしょうか。

ところが、門井さんが指摘したように、のちには武人のイメージが色濃く投影されることになりました。

**門井** アレクサンドロスは、遠征途上で亡くなりました。いっぽう、田村麻呂は兵士たちを連れて生きて帰還した。探検に成功したという点では、アレクサンドロスよりもコロンブスに近いかもしれません。

**本郷** 集落によっては、村人たちが盗賊に早変わりして、武器や食糧を奪われるかもしれない。また、軍勢がばらばらになったら危険なので、部隊の編成を崩さずに行軍しなければならない。安全な集落を嗅《か》ぎ分けて滞在し、みんなをまとめて先へ先へと進んでいく。その意味では、有能な探検家という門井さんの指摘はあたっていますね。

**門井** 探検活動と諜報活動は表裏一体ですから、朝廷には遠征のメリットは十分にあったでしょう。また、敗れたとはいえ、田村麻呂の前に遠征した将軍たちも、情報をいろいろ収集したでしょうから、それが田村麻呂の勝利に結びついたかもしれません。

## ゴールドラッシュ

**本郷**　東大寺《とうだいじ》（現・奈良県奈良市）の大仏には東北で採掘した金《きん》が使われています。もしかすると、東北遠征は金鉱調査も目的のひとつだったのではないか。

**門井**　ゴールドラッシュですか。

**本郷**　ゴールドラッシュとまで言えるかはわかりませんが、遠征軍の兵士たちを衝《つ》き動かす動機のひとつにはなったと思います。

のちのことですが、奥州藤原氏《おうしゅうふじわら》の政権がなぜ平泉に成立したかという問いに対して、周辺で純度の高い金が採れたからという答えが考えられるわけです。藤原清衡《きよひら》・基衡《もとひら》・秀《ひで》衡《ひら》はその金を使って京都と交易し、豪華な平泉文化を花開かせることに成功したのです。

地の利がよく地政学的にもよい場所であれば、A政権が滅びてもB政権が取って代わるというのが、通常の権力のあり方です。実際、中国では王朝が替わっても、長安《ちょうあん》や洛陽《らくよう》が都であり続けました。ところが奥州平泉の場合、藤原氏が源氏によって滅ぼされたあと、取って代わる政権がなかった。その後、伊達政宗などの戦国大名も見向きもしなかった。その理由として、金が枯渇したからという答えがありうるわけです。

逆に言えば、枯渇するまでは北上川《きたかみがわ》（現・岩手県県岩手郡岩手町から盛岡《もりおか》市、奥州《おうしゅう》市などを通って宮城県石巻《いしのまき》市で海に注ぐ）で砂金が取れたわけですから、その情報が都に伝わっていれば、金を掘りに行こうということになったかもしれない。

**門井**　なるほど、それは説得力があるなあ。奥州藤原氏は一〇〇年間続いたわけですから、一〇〇年間は金が出たことになりますね。相当な埋蔵量です。アテルイが金の装身具を身につけていたとすると、これは京の都は沸《わ》きますよ。

**本郷**　金の採掘場所について最後まで口を割らなかったために、アテルイは首を斬《き》られた——というのは、あくまで私の想像です。

## 軍神の誕生

**門井**　田村麻呂は死後、都の方角に向けて立ったまま埋葬され、軍神とされました。

**本郷**　有能な探検家としての側面はあるにせよ、東北遠征では多数の兵を動かし、勝利を収めているわけですから、やはり軍事指揮官としての能力は高く、カリスマ性もあったかもしれません。薬子の変の時には兵を率いて鎮圧し、その功績で大納言になっています。

結果、生きた伝説となり、死んだ時もそのような形で埋葬されました。ただ、彼個人にどれだけ武人としての能力——刀や弓矢を扱う力——があったかはわかりません。しかし、後世になると、武人としてのイメージが広がりました。たとえば、徳川家康はソハヤノツルギ（現・久能山東照宮《くのうざんとうしょうぐう》所蔵の重要文化財）を携帯していましたが、これは田村麻呂が献上した剣を模したものです。

**門井**　『群書類従《ぐんしょるいじゅう》』のなかの「坂上田村麻呂伝記」を読むと、田村麻呂は身長二メートルもある巨人で、逃げるアテルイを捕《つか》まえたと書いてあります。実際はどうなのですか。

**本郷**　たぶん史実とは違うと思います。田村麻呂は各地に伝説があって、どこまでが史実かはわかりません。門井さんが田村麻呂を小説で書くとすると、どのようなイメージですか。

**門井**　私の考えでは、人間は思想型とウィット（機知）型の二種類に分けられます。前もって時間をかけて考えに考えて仕事をするタイプが思想型。あまり考えないけれども、反射神経というか、次々と対症療法的に仕事をするタイプがウィット型です。

私のイメージする田村麻呂はウィット型です。未知の土地に遠征するのですから、予想がつかないことの連続でしょう。冒険や探検をする時に、前もってじっくり考え、策を練り上げて臨《のぞ》む人はたぶん失敗する。むしろ、起きたことに対してどう対処するか、その判断能力と決断力が問われます。

私が描くとしたら、田村麻呂にはアテルイを丁重に扱ってもらいます。ほとんど賓客《ひんきゃく》同然です。そうでないと、死んでしまうからです。京都から東北への遠征も大変ですが、敵の大将を生きたまま連れて帰るのも同じくらい大変です。

**本郷** 逃がしてしまったら大失態ですね。

**門井** そうです。だから、アテルイでなくても蝦夷の誰かひとりを連れて帰ることができれば、プロジェクトは大成功です。ですから、細心の注意を払って、捕虜を丁重に扱いながら京都に帰還するというストーリーにすると思います。となると、田村麻呂は身長二メートルの荒々しい粗雑な男ではない。

**本郷** なるほど。北の未開の地から帰還するということを考えれば、人類初の南極点到達を達成したノルウェーのロアール・アムンゼンやイギリスのロバート・スコットのような探検家をイメージしますね。スコットは遭難して亡くなっていますが、田村麻呂は無事に帰還しているので、大成功と言っていいでしょう。

**門井** 都会でぬくぬく暮らしている一般市民からすると、探検家というのは一〇〇％成功した人か、一〇〇％失敗した人かのどちらかしかいません。アムンゼンだったら一〇〇％成功になるし、スコットだったら一〇〇％失敗になる。つまり、生きて帰ってくるかどうかが成否を決めるラインになる。

逆に言うと、田村麻呂は勝利して生きて帰ってきた。しかも敵将の捕虜も連れてきた。それがのちの軍神化につながったのかもしれません。

**本郷**　そう考えると、自分がきちんと遠征して勝利した証《あかし》として、アテルイを連れてきたとも考えられる。最終的にアテルイは斬首されますが、田村麻呂はアテルイの助命を願い出ています。これも、のちのち武将たちに慕《した》われた原因かもしれません。勇敢に戦い、敵将を捕虜にしたが、命を助けようとした。惻隠《そくいん》の情であり、文字通り武士の情けである、と。

ところで、作品のラストはどうなりますか。「アテルイが斬首されたあと、田村麻呂の家には京都では見かけない奇妙な風貌の男が使用人として働いていた」とか（笑）。

**門井**　あるいは、アテルイが帰還の途中で死んでしまう。それで、田村麻呂は別の捕虜をアテルイに仕立てて、「こいつがアテルイだ」と主張するストーリーを作るかもしれません。

**本郷**　替え玉だとすると、ばれないうちに首を斬ってもらわないと困ります。

**門井**　余計なことをしゃべらないうちにね。

**本郷**　さあ、物語がどうなるか。門井さんの作品を楽しみにしましょう。

# 第二章

# 源頼朝

## ——頼朝が望んだのは征夷大将軍ではない!?

## あとづけの伝説

**本郷**　門井さんが第一章で述べた言説はとても冴《さ》えていました。つまり――源義家や父・頼義らが前九年の役と後三年の役で戦功を収めたことで源氏は躍進を遂げ、武家の棟梁《とうりよう》になったが、その際に利用されたのが、同じく東北地方を攻略した坂上田村麻呂だった――。前九年の役・後三年の役で戦功を収めたから源氏（53ページの図）が武家の棟梁となったという理屈は、南北朝時代に書かれた『源威集《げんいしゆう》』にも出てきます。しかし、これは史実ではありません。

前九年の役と後三年の役において、義家は確かに関東地方の武士を家来にして主従関係を設定、東北地方を攻めました。それらの戦いから、義家は「天下第一武勇の士なり」とされ、「八幡太郎《はちまんたろう》」の通称で、多くの武士たちから慕われました。

しかし、義家の息子・義親《よしちか》は、とんでもない乱暴者で島流しになります。そこでも狼藉《ろうぜき》を働き、最後は平正盛《まさもり》（清盛の祖父）に討たれてしまいます。義親の息子・為義《ためよし》は、都で検非違使《けびいし》（都の治安維持を担当）として仕えていましたが、不祥事続きで解任されています。

# 清和《せいわ》源氏の略系図

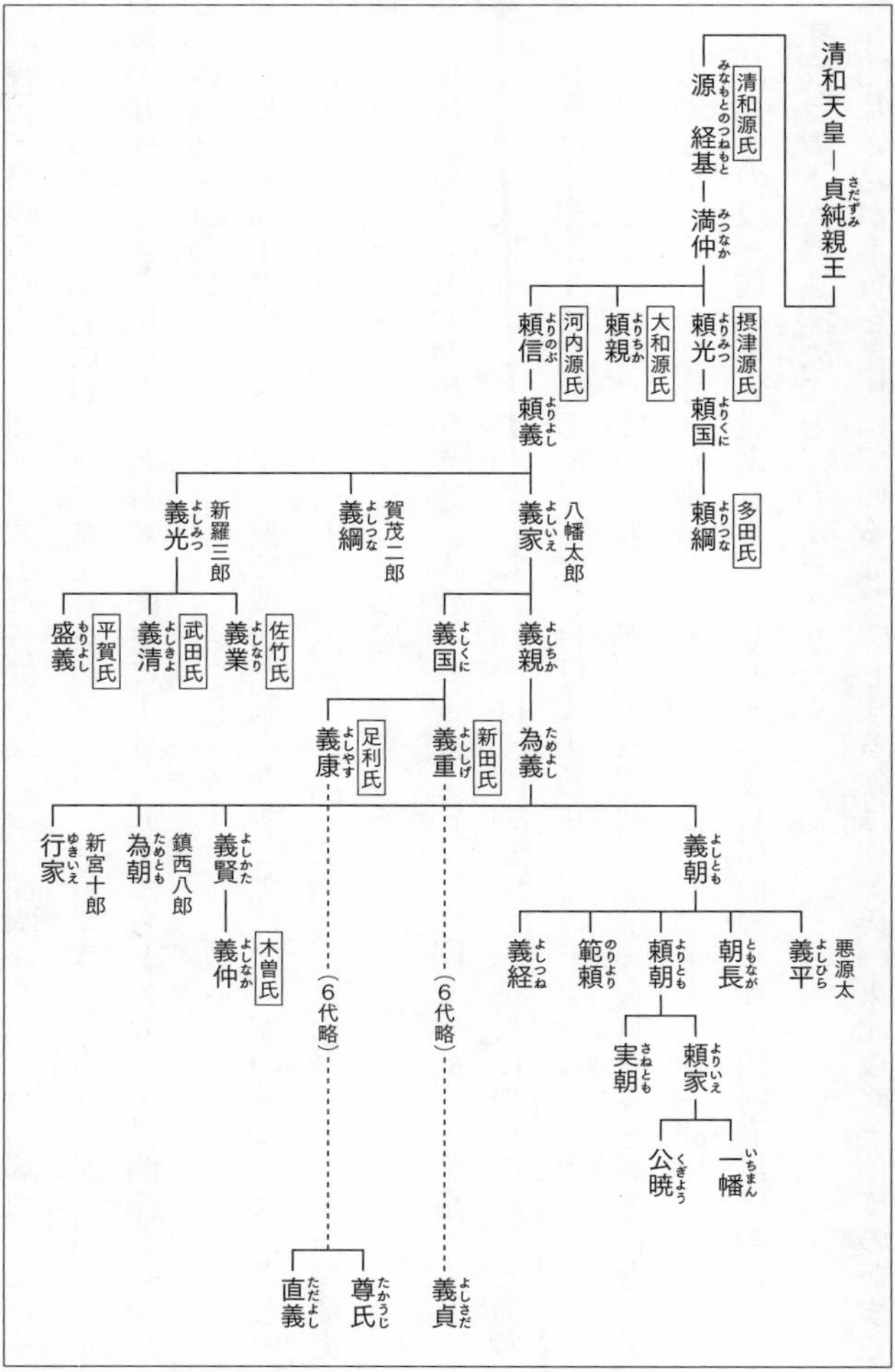

この義親・為義の時代に、関東の武士たちは源氏との主従関係をいったん解消しているのです。このため、為義の息子・義朝《よしとも》（頼朝の父）は「このままでは源氏はジリ貧で、平氏の後塵《こうじん》を拝するようになる」と考え、関東に下り、武士たちとの間に主従関係を結び直すことに成功するわけです。

ですから、前九年の役・後三年の役で戦功を収めたから源氏は武家の棟梁になったというのはのちに作られた話であり、あとづけの伝説なのです。その伝説に、夷《えびす》を討つ征夷大将軍という名前がリンクしてきたのだと思います。

**門井**　私の印象ですと、源頼朝も源（木曽《きそ》）義仲《よしなか》も、朝廷に何回も「征夷大将軍をくれ」と奏請《そうせい》し、征夷大将軍にこだわっている。いっぽう、朝廷側も「絶対にやらない」と突っぱね、後白河上皇が生きている間は、頼朝は征夷大将軍にはなれませんでした。

おたがいにすごくこだわっているのですが、それ以前には征夷大将軍など話題になっていませんでした。それが、なぜか価値が急上昇している。本郷さんの話を聞いていると、直前の前九年の役・後三年の役よりも、むしろそのさらに前の、坂上田村麻呂伝説によって将軍ブランドが高まったことがわかりました。

**本郷**　門井さんが本質を見抜いているなと感心するのは、源氏の東北攻略というのがまさに伝説であり、ブランドだったという部分です。

## 二十一世紀に判明！　頼朝の将軍就任事情

**本郷**　頼朝が将軍に任命される顚末《てんまつ》は近年、『三槐荒涼抜書要《さんかいこうりょうぬきがきのかなめ》』の記述によって明らかになりました。

平安末期～鎌倉初期の公家《くげ》・中山忠親《なかやまただちか》の日記『山槐記《さんかいき》』や、鎌倉前～後期の公家・藤原資季《すけすえ》の日記『荒涼記《こうりょうき》』の存在と内容は、研究者には知られていました。この二つの要所を書き留《と》めたのが『三槐荒涼抜書要』です。このなかに、『山槐記』では記述が落ちていた部分が書かれており、そこから頼朝が征夷大将軍に任命される記述が、歴史学者の櫻《さくら》井陽子《いようこ》さん（駒澤大学教授）によって発見されたのです。二〇〇四年のことです。

**門井**　すごい。それだけでもドラマですよ。

**本郷**　『三槐荒涼抜書要』によって、新たにわかったことがいくつかあります。ひとつは、木曽義仲が任命されたのは征夷大将軍ではなく、征東大将軍だったこと。もうひとつは、頼朝が朝廷に任命を申し出たのは征夷大将軍ではなく、大将軍だったことです。

**門井**　ほおー。

**本郷**　朝廷の官位官職において、将軍とは近衛大将《このえのだいしょう》を指します。そして近衛大将には右《う》近衛《こんえ》大将と左近衛《さこんえ》大将があり、常置の職です。頼朝は、その将軍を超える大将軍に任命してくれと言ったわけです。

これに対して、朝廷は前向きに検討しました。征東大将軍は木曽義仲に与えたけれども、義仲は討ち死にしたから、不吉だからやめよう。畿内の軍事的権限を持つ総官《そうかん》（惣官）は平宗盛《むねもり》に与えたけれども、宗盛は敗死したから、縁起が悪いからやめよう。それでは、坂上田村麻呂に与えた征夷大将軍はどうだ。田村麻呂は功《こう》成り名《な》を遂げたので、縁起がいいだろうと、頼朝を征夷大将軍に任じたのです。

**門井**　ということは、「征夷」よりも「大将軍」に意味がある。

**本郷**　そうです。征夷、つまり東にいる夷《えびす》を討ち、東を治める征夷大将軍は、奥州藤原氏を滅ぼした頼朝にぴったりだから任命された――というのが、それまでの定説でした。ところが、田村麻呂が成功し、縁起がいい役職だから任命したにすぎなかったことがわかってしまった。

そうなると、地位や官職が権限を保証するのではなく、頼朝という人がいるから、その人に見合う官職を与えたと理解したほうがいいということになる。これは、「序」で説明した地位より人を尊重する日本史の特徴そのものです。

**門井** 確かに、当時としては、征東大将軍も征夷大将軍も、その中身は大して変わらなかった。だから、縁起のいい悪いで決めるということなのかもしれませんね。

**本郷** ただ、後白河上皇が亡くなった段階で、頼朝が任命を願い出ているということは、後白河上皇が頼朝を特別な地位に任命することを嫌っていたのはまちがいないでしょう。後白河上皇は、あくまでも頼朝を特別な存在として認めたくなかったわけです。

**門井** そうすると、頼朝が太政大臣でなく大将軍を欲したというのは、京都に背を向けるというか、「俺は京都には近づかないよ」というメッセージですか。

**本郷** そうでしょうね。

**門井** 鎌倉に本拠を構えたことで、あとづけにしても「源氏は東北を攻略したから武家の棟梁になった」という伝説が合わさって、頼朝のイメージができあがった、と。

**本郷** その頼朝のイメージが足利尊氏に影響し、徳川家康にも影響を与えたわけです。

**門井** 頼朝はその後、官位官職は求めなかったのですか。

**本郷** おもしろいことに、頼朝は征夷大将軍になってからも、自分のことを大将軍と言いませんでした。その前に右近衛大将という官職をもらっているので、自分のことは「右大将」と言っていました。

たとえば、頼朝が御家人に発給した公文書である下文《くだしぶみ》には「前右大将家政所下《さきのうだいしょうけまんどころくだす》」となっています。征夷大将軍になっているのですから「将軍家政所下《しょうぐんけまんどころくだす》」としてもよかったのですが、そうしなかった（下文の詳細は本郷和人著『乱と変の日本史』を参照）。つまり、頼朝にとって征夷大将軍とはそれぐらいの意味しかなくて、もらったらそれでOKだったのかもしれません。

## 「一一八五年」と言ったのは誰だ？

**門井**　まず、鎌倉幕府の成立について時系列で整理してみます。

一一八〇年　頼朝挙兵。頼朝鎌倉入り。富士川の戦い。頼朝、侍所《さむらいどころ》設置
一一八三年　平氏の都落ち。木曽義仲入京
一一八四年　源範頼《のりより》・義経《よしつね》が義仲を討伐。頼朝、問注所《もんちゅうじょ》設置

一一八五年　壇《だん》の浦《うら》の戦い。平氏滅亡。頼朝、守護《しゅご》・地頭《じとう》設置
一一八九年　頼朝が義経・奥州藤原氏を討伐
一一九〇年　頼朝、権大納言《ごんだいなごん》・右近衛大将に任命される(同年辞任)
一一九二年　後白河上皇崩御《ほうぎょ》。頼朝、征夷大将軍に任命される

　実は以前、頼朝を主人公にした小説を書こうとしたことがあるのですが、タイトルは絶対に「いい国つくろう」にしようと思っていました(笑)。でも、最近は、建久《けんきゅう》三(一一九二)年ではなく、文治《ぶんじ》元(一一八五)年が鎌倉幕府成立とされているんですよね。

**本郷**　山川出版社の教科書には、「一一八五(文治元)年、平氏の滅亡後……頼朝は軍勢を京都に送って法皇にせまり、諸国に守護を、荘園や公領には地頭を任命する権利……を獲得した。こうして……武家政権としての鎌倉幕府が確立した」と書かれています。

つまり、頼朝の征夷大将軍任命ではなく、頼朝による守護・地頭の設置を鎌倉幕府成立と見なしている。しかし、不可解なのは、一一八五年に鎌倉幕府が開かれたと積極的に主張している研究者が誰もいないことです。

**門井**　ええっ、それはどういうことですか。

**本郷**　今回、改めて調べてみたのですが、誰もいない。まさにミステリーです。山川出版社の教科書（以下、教科書はすべて同社）に書いてあると、だいたい定説扱いされるのですが、その教科書に鎌倉幕府について書いているのは、私の師匠である五味文彦《ごみふみひこ》先生（東京大学名誉教授）です。しかし、五味先生は、一一八五年に鎌倉幕府成立とは言っていません。「誰かが言ったから書いておこうか」ぐらいの感じだったようです。

では、五味文彦に囁《ささや》いたのは誰だということになります。

## 鎌倉幕府の成立は四通りある

**本郷**　二〇一九年、私は某テレビ番組のMCを務めました。その時のテーマのひとつが「鎌倉幕府はいつできたか？」。番組の趣向は、一一八五年説の学者と一一九二年説の学者に出演してもらい、主張を戦わせるというものだったので、それぞれ探し始めました。

一一九二年説は、朝廷が頼朝を征夷大将軍に任命したことを重視しているのだから、京都大学系だろう。一一八五年説は、頼朝が守護・地頭を置いたことを重く見ているのだから、東京大学系だろうと推測して、研究者にあたったところ、一一九二年説を積極的に主張している人はいないし、一一八五年説はもっといない。

しかたがないので、それぞれの説を語ってもらう研究者を見つけてきました。一一八五年説を語ってくれたのは私の元上司の近藤成一《こんどうしげかず》先生（放送大学教授）ですが、「私は一一八〇年説だ」と言うのです。

**門井**　第三説が出た（笑）。

**本郷**　一一九二年説を語ってくれたのは、次世代のリーダーのひとりで、京都大学で学んだ帝京大学講師の佐伯智広《さえきともひろ》先生ですが、「僕は一一九〇年説です」と言うわけ。

**門井**　第四説の登場ですね。

**本郷**　収拾がつかなくなって、私は頭を抱えてしまいました。でも、それぐらいさまざまな説があって、「いったい鎌倉幕府とは何か」というのが番組のオチになりました。

**門井**　確かに、頼朝や御家人たちが「今年、鎌倉幕府ができた。去年とは違うなあ」と思ったはずはないですからね。ところで、一一八〇年説・一一九〇年説はどのようなものですか。

**本郷**　一一八〇年説は、頼朝が挙兵し、南関東を制圧して鎌倉に拠点を定めた一一八〇年を重視したものです。当時の政権規模は、京都を制圧した頃の木曽義仲による京都政権と大差ないのですが、義仲が朝廷の傀儡《かいらい》だったのに対し、頼朝は自立した政権をつくったということで、この年を幕府成立と考えるわけです。私はこの一一八〇年説です。朝廷から認められたり与えられたりするのではなく、武士が自分の足で立ったのが幕府の始まりと考えているので、昔から一一八〇年説を唱えています。

一一九〇年説は、頼朝の朝廷接触、そして朝廷による官職任命を重視するものです。鎌倉に拠点を定めた頼朝は鎌倉を動きませんでしたが、一一九〇年になって後白河上皇の召《めし》に応じて京都に上り、権大納言と右近衛大将に任命されました。それまで官職を持たなかった頼朝が、後白河上皇や朝廷と接触して存在を公認されたので、この年を幕府成立とする説です。唱えているのはやはり京都大学系の研究者で、朝廷に認められてはじめて幕府は幕府たりうると考えるわけです。

**門井**　本郷さんの話を聞いていて、山川出版社の採択方針がなんとなくわかったような気がします。要するに、一～二行で説明しやすい説が採用されているのではないでしょうか。官職の任命や制度の始まりなどは一～二行で書けて、しかも非常にわかりやすいのです。そういう説が採用される傾向にあるのかなという気がしました。

**本郷**　ちなみに、中世史研究者に「君は何年だと思うの？」と聞くと、「幕府というのはすぐにできたわけではなく、だんだんとできていったものですから、何年にできたというのはまちがいではないですか」と言うわけです。

それで、「いや、小学生に教えるのにそのような難しいことを言ってもわからないし、教科書の性質上どこかで線引きしないといけない。線を引くとすると、君は何年だと思うの?」と再度聞くと、みんな答えられない。研究者たちには、子どもたちにわかりやすく教えるにはどうしたらいいかという視点が欠けているのです。

**門井**　確かに「だんだんと」が正しいと思う。でも、それを言ってしまったら、平安時代、鎌倉時代といった「時代」を分けることもできなくなっちゃう。

**本郷**　そうなのです。京都の朝廷や天皇を重視する見方からすると、平安時代も鎌倉時代もすべて京都時代ということになります。

**門井**　日本の都は京都であり、天皇も京都にいた——という事実だけを見ればそうなります。

**本郷**　さすがの私も、鎌倉時代の都は鎌倉だとは言えません。都の所在地と天皇の居所は、明治二(一八六九)年に首都を東京に移し、天皇が東京に行幸するまでは京都でしたから、平安以降はずっと京都時代ということになります。それでは歴史の実相が見えてこないから、便宜的に鎌倉時代や江戸時代と呼んでいるわけです。

## 幕府成立の基準がない⁉

**門井**　ちなみに、室町幕府が成立した年はどうなっていますか。

**本郷**　かつては、足利尊氏が征夷大将軍に任命された暦応《りやくおう》元（一三三八）年でしたが、現在は教科書に「一三三六（建武《けんむ》三）年、京都を制圧した足利尊氏は……幕府を開く目的のもとに当面の政治方針を明らかにした建武式目《けんむしきもく》を発表した」とあるように、一三三六年になっています。

**門井**　江戸幕府の成立は、一六〇三年のままですよね。

**本郷**　教科書は「天下分け目といわれる戦いに勝利した家康は……一六〇三（慶長《けいちよう》八）年、全大名に対する指揮権の正統性を得るため、征夷大将軍の宣下《せんげ》を受け、江戸に幕府を開いた」ですから、私が高校生の頃と同じですね。

しかし、鎌倉幕府が守護・地頭の任命、室町幕府が建武式目の制定、江戸幕府が家康の征夷大将軍の任命と、統一が取れていません。

**門井**　便宜的なものと割り切って、かつてのように征夷大将軍に任命された年で統一するというのも、ひとつの考え方かもしれませんね。

**本郷**　なぜ統一が取れてないか。その理由のひとつは、日本史の四分法にあります。これは日本の歴史を古代史、中世史、近世史、近現代史の四つに分けて研究するというもので、簡単に言えば、大学時代に自分がどの時代を研究するかを決めたら、その時代だけを研究するしくみです。だから、日本の歴史を全体で考えて、そこに統一性を見出そうとする研究者がなかなか出て来ないのです。

某新聞に「近世史の研究者は勉強が足りない。いまだに家康が征夷大将軍に任命された一六〇三年を江戸幕府成立の年にしている。時代遅れだ」と書いたら、近世史の研究者にボコボコに叩かれました（笑）。おもしろいのは、彼らが批判するポイントが「学術的に俺たちは正しい」という点ではなく、「専門外のことに口を出すな」にあることです。

**門井**　現代においては、文芸の世界も含めたあらゆる分野で、おそらくスペシャリストをつくるほうが簡単です。先人たちが築いた道を辿《たど》らせればいい。しかし、ゼネラリストをつくるには、そもそもつくり方の課程がない。結局のところは、本人が複数の分野への努力はもちろん、誰にも頼らずに自分の才覚で勉強しなければいけませんから。

**本郷**　ただ、スペシャリストであることを止揚《しよう》してゼネラリストになろうとする時、ある種の胡散《うさん》くささがつきまとうことは避《さ》けられません。だから、その人が単に胡散くさいのか、広い視野を持って見通しているのか、その見極めが求められます。

## 主人公にするなら、頼朝より政子

**本郷**　門井さんは、頼朝を小説にしようと思ったことがあるということですが、頼朝をどのような人間に描くつもりでしたか。

**門井**　第三章で申し上げますが、足利尊氏の人間像はイメージしやすいけれど、頼朝はイメージしにくい。悪く言えば、個性が見えない。良く言えば、何でも受け入れる太虚《たいきょ》の人です。取り付く島がないという点では、西郷隆盛《さいごうたかもり》に近い印象があります。西郷もみんなが「偉い」「偉い」と言いますが、では、具体的にどこがどのように「偉い」のかがわかりづらい。

ですから、もし今「源頼朝を主人公にした小説を書いてください」と言われたら、「頼朝ではなく北条政子《まさこ》でどうですか」と逆提案しますね。簡単に言えば、キングメーカーがキングになったストーリーです。具体的に述べてみましょう。

都の若き貴公子・源頼朝は平清盛に殺されず、伊豆国の北条氏が支配する地に配流《はいる》されてきた。北条政子は、その頼朝が好きになる。平氏の隆盛下、二人の仲が良くなることは、北条氏にとっては良くないことです。いわば、『ロミオとジュリエット』状態です。そのような恋愛物語から始まって、頼朝が挙兵し、やがて将軍になる。ここまでは、政子はキングメーカーです。ところが、夫でありキングである頼朝が亡くなると、政子が事実上のキングとなっていく。

**本郷**　キングというか、クイーンですね。

**門井**　私は、鎌倉幕府には三種類の将軍が存在したと考えています。ひとつは源氏三代(源頼朝・頼家《よりいえ》・実朝《さねとも》)。二つ目は摂家《せっけ》将軍(九条頼経《くじょうよりつね》・頼嗣《よりつぐ》)と親王将軍(宗尊《むねたか》親王・惟康《これやす》親王・久明《ひさあきら》親王・守邦《もりくに》親王)で、五摂家(近衛《このえ》家・九条家・鷹司《たかつかさ》家・一条《いちじょう》家・二条《にじょう》家)の九条家や皇族出身のお飾りの将軍たちです。そして、三つ目が尼《あま》将軍、つまり北条政子です。

物語のクライマックスは、承久の乱です。後鳥羽上皇による討幕の院宣《いんぜん》を受けて動揺する御家人たちを前に、政子が演説ひとつで鎮《しず》める場面です。この演説を、鎌倉幕府の歴史を編年体で記した史書『吾妻鏡《あずまかがみ》』から抜き出してみましょう（五味文彦編『京・鎌倉の王権』より。ふりがな、〔 〕は引用者）。

「皆、心を一《いつ》にしてうけたまわるべし。これ最期《さいご》の詞《ことば》なり。故右大将軍《うだいしょうぐん》〔源頼朝〕、朝敵を征伐し関東を草創してよりこのかた、官位といい、俸禄《ほうろく》といい、その恩は既に山岳より高く、溟渤《めいぼつ》〔広い海〕より深し。報謝の志、浅く有《あ》らんか。しかるに今、逆臣の讒《ざん》〔讒言《ざんげん》〕により、非義の綸旨《りんじ》〔天皇の命令〕を下さる。名を惜《お》しむの族《やから》、早く〔藤原〕秀康《ひでやす》・〔三浦《みうら》〕胤義《たねよし》らを討ち取り、三代将軍の遺跡《ゆいせき》を全《まっと》うすべし。但《ただ》し院中《いんちゅう》〔院の御所〕に参《まい》らんと欲せば、ただ今申し切るべし」

演説で人心をつかむ場面は、フィクションの世界ではシェークスピアの『ジュリアス・シーザー』に出てきます。まず、ブルータス（マルクス・ブルートゥス）がシーザー（ユリウス・カエサル）の悪口を言う。次に、アントニーが来て「私もそれに賛成だ。ブルータスは立派な男だ。だけど、シーザーも立派だった」と演説し、それまでの流れを全部ひっくり返す。そして結局、ブルータスへの民衆の支持を失わせて勝利するわけです。

そのアントニー（マルクス・アントニウス）の演説に匹敵する迫力が、政子の演説にはあるのです。刀の前に言葉で勝っています。

## 近代的な政子の演説

**門井**　政子の演説は中世のことですが、この演説だけは、すごく近代的かつ西洋的に感じます。ひょっとすると、日本史における最初の演説かもしれません。

日本にもそれまで、ひとりの人間が不特定多数に対して言葉を発することはもちろんありました。しかし、それは僧侶の説教や神主《かんぬし》による神のお告げ、あるいは朝廷などの儀式で決まりきった口上を述べるといったレベルにとどまっていました。

しかし、政子の演説はそれらとはまったく違います。言うならば、近代的な散文精神により、言葉の力で説得する。そして集団をある方向に動かすものです。

**本郷**　一種のアジテーションですね。

**門井**　アジテーションと演説は、表裏一体ですからね。演説という言葉は、明治時代に作られました。福沢諭吉《ふくざわゆきち》が英語の「スピーチ」を翻訳して作ったと言われています。その点は考証の余地があるにしても、明治期にできた言葉であることはまちがいない。

その演説という言葉ができる六〇〇年以上も前に、実質的な演説が行なわれ、しかも実際に人を動かし、承久の乱における幕府側の大勝という結果を生んだ。この勝利がなければ、その後の武家政権はなかった。


**本郷**　頼朝は治承《じしょう》四（一一八〇）年に挙兵しますが、配下は少なかった。しかし頼朝は、彼ら武士たちとひとりずつ話すのです。「ちょっと来てくれ」と部屋に呼び、「俺が頼りにしているのはおまえだ。がんばってくれ」と伝えた。言われたほうは奮《ふる》い立ったと、『吾妻鏡』に書かれています。

武士たちも、次から次へと呼び込まれるわけですから、何となくわかっていたでしょう。しかし、主従関係は主人と従者の一対一の対応が重要です。主人（将軍）が従者（御家人）の土地の権利を認め、時に新たな土地を与えるのが「御恩《ごおん》」。主人のために平時は警護、戦時は戦場で戦うのが「奉公《ほうこう》」です。それが封建制の原理です。

門井さんが提起《ていき》したポイントは、頼朝に代わってキングとなっていた政子が武士をひとりずつ呼んで話をするのでなく、大勢に向かって話したことにあります。言うならば、マスに対して訴え、マスもその訴えに応《こた》えた。一人ひとりと絆《きずな》を確認する主従的なあり方ではなく、多数に向けて演説し、そこに一体感が生まれたわけです。

## 源実朝と後鳥羽上皇

**本郷**　門井さんのストーリー展開では、頼家（第二代将軍）と実朝（第三代将軍）はどのようになるのですか。

**門井**　頼家は頼りがいがなく、側近ばかりを近づけて将軍として不適格です。これをどう描くかは、なかなか難しいですね。

実朝は、読者が同情できるキャラクターになると思います。というのは、後鳥羽上皇と接点が深く、文芸でも結びついているからです。この時代では実朝、後鳥羽上皇、藤原定家《さだいえ(ていか)》の三人は惚《ほ》れ惚《ぼ》れするほど、和歌がすばらしい。政治劇の場合、最初から最後まで政治劇で描くと失敗します。読者が飽《あ》きてしまうからです。だから、途中で文芸的な要素を入れる。その意味で、作品にスパイスを効《き》かせる人物として実朝はうってつけです。

**本郷**　藤原定家は後鳥羽上皇の命により、実朝の和歌を京都で添削しています。後鳥羽上皇は将軍である実朝の存在を認めたくはないが、手なずけるためにやむを得ず、和歌という餌を与えたという考え方をする研究者がいます。

いっぽう、後鳥羽上皇と実朝は心が通じ合っており、後鳥羽上皇は実朝を忠実な臣下《しんか》と見なしていた。実朝がトップである間は鎌倉幕府を倒す必要はなかったが、その実朝を殺された時、後鳥羽上皇は幕府を朝敵と見なして承久の乱を起こしたと考える研究者もいます。現在、こちらの見方が優勢です。門井さんも実朝と後鳥羽上皇はしっくりいっていたと見るわけですね。

**門井** 二人の和歌を見るかぎりでは、そう思います。定家は言葉をテクニカルに処理するタイプです。もし定家が近代の小説家だったら、内容よりも文章の技術を見せたがったでしょう。一種の美文家ですね。その師匠に忠実だったのが実朝です。先生の技術を全部学ぼうと教室の最前列で授業を聞くタイプです。

後鳥羽上皇は表面上では定家を立てつつも、内心は「俺は定家より巧《うま》い」と自負している。しかも、歌は技術より中身だとも思っている。後鳥羽上皇の詠んだ歌「人も惜し　人も恨《うら》めし　あぢきなく　世《よ》を思ふゆゑに　物思《ものおも》ふ身は（人を愛《いと》おしく思うこともあれば、恨めしく思うこともある。この世をつまらなく思うがゆえに、あれこれと思い悩む私にとっては。『小倉百人一首《おぐらひやくにんいっしゅ》』99）は精いっぱい技術屋さんになって、「惜し」「恨めし」、「世を思ふ」

「物思ふ」とたたみかけていますけど、やっぱり中身というか、人間的心情のほうが優先されています。

この三人をあまり長く書いてしまうと、政治劇を端折《はしょ》らなくてはならないので、下手をすると承久の乱に戻ってこられなくなる。だから、編集部から何枚与えられるかですね（笑）。「五〇〇枚以下にしてくれ」と言われたら削《けず》りますが、「一〇〇〇枚以上でいいですよ」と言われたら、書き込みますね。

**本郷**　ということは、長く書くより、短く書くほうが難しいということですか。

**門井**　はい。特に一代記の場合、長ければ長いほど簡単です。ただ、読者にとっておもしろいのは一巻で完結する作品です。どんな小説でも三巻以上になったら、やはり余分なものが入ってきますから。

**本郷**　山岡荘八《やまおかそうはち》さんの『徳川家康』は全二六巻ですけど……。

**門井**　山岡先生は大先輩ですから、あまり言えませんが、時々「さっきも読んだな」というシーンが出てきます（笑）。昭和五十年代まで、歴史小説の読者の多くは文芸誌や新聞の連載を追いかけて作品を読んでいたので、そのような場面があっても忘れているわけです。でも、今は単行本で読むケースが多いので、気づかれやすくなっています。私も気をつけています。

## 武家政権の誕生

**本郷**　源頼朝（一一四七〜一一九九年）の政権が、平将門（不明〜九四〇年）の頃とどう違うかと言えば、ひとつはそこに集《つど》った武士の数です。どちらも朝廷に不満を持っている武士はいましたが、将門の段階では武士そのものの数が少なく、また朝廷の言うことを聞こうという武士もいて、不満を持つ勢力が大きな力を持つには至らなかった。

それが頼朝の段階では、自分たちの存在を何とか朝廷に認めてもらいたいという思いが強く、独立心のある在地領主（荘園領主と異なり、自らの土地に居住し支配した。武士のひとつの原型）が膨《ふく》らんでいました。言うならば、武士の独立戦争です。頼朝は、彼らをリードする役割を担ったわけです。

**門井**　在地領主たちの利益代表者のようなものですか。

**本郷**　はい。頼朝は自分に課せられた役割、つまり朝廷と渡りをつける役割を果たすことができた。やはり頼朝という人は偉大なリーダーだったと思います。

**門井** その役割は源氏の嫡流《ちゃくりゅう》であり、都に育ち、官位を持つ頼朝にはうってつけだったでしょうが、頼朝でなくてもなれたと思いますか。

**本郷** 私は、頼朝以外でもなれたと考えています。前述のように、前九年の役・後三年の役で勝利した源氏の子孫――というのはあとづけの伝説であり、リアルタイムではそれほど意味をなさなかった。ということは、木曽義仲でも他の誰かでも、頼朝の代わりは務まった。候補者が複数いるなかで、独立を目指した在地領主たちの意思を束《たば》ね、朝廷と折衝して軟着陸できるような形でまとめる。この難事業を成功させたのが、頼朝だったということです。

もし頼朝がもっと過激な行動、たとえば一気に朝廷を滅ぼそうとしたら、「そこまでやるのか」と反発する声が上がったでしょうし、逆に朝廷と妥協もしくは屈服して言うがままだったら、「俺たちの代表にふさわしくない」と引きずり下ろされたでしょう。そのあたりのバランスを、頼朝は実にうまく取っています。

**門井** イギリスから独立したアメリカの立場に似ていますか。

**本郷** ああ、なるほど！ もし、イギリス国内で独立しようとしたら、確実に潰されたでしょう。大西洋を隔《へだ》てた新大陸だから、独立できたのですね。

同様に、頼朝も京都から離れた鎌倉だからできたという側面があります。当時の日本はまだ京都を中心とする西国型国家で、関東や東北はどうでもいいエリアだった。都の朝廷や貴族からすれば、「そんな僻地《へきち》でやるのなら独立を認めてもいいけれども、朝廷との関係は大切にしろよ。朝廷と反目するなら認めないよ」というスタンスだった。

そのようななか、頼朝は独立したいという武士たちの意思を背負い、朝廷と交渉してまとめていった。つくづく大変だったと思います。頼朝の真意や苦労を、義経はわからなかったんだろうなあ。私も長男ですが、兄貴はつらいのよ。

## 都会人と田舎者のカップル

**本郷**　頼朝と関東武士との関係で見逃せない存在が、北条政子です。頼朝は、政子という〝田舎者〟の妻を大事にすることで、「俺はおまえたちの仲間だ」と武士たちに強くアピールしたのです。もし、貴族の姫君《ひめぎみ》――都で生まれ育ち、教養豊かで洗練された美しい女性――を嫁にしていたら、「あいつは俺たちのリーダーみたいな顔をしているけど、結局、京都の人間だぜ」という話になる。それでは、実朝のように殺されたかもしれません。

**門井**　頼朝は一四歳まで京都にいましたし、官職を務めていましたから、都の文化に親しんでいた。きれいな女官たちも見ていた。それが、伊豆国に流されて、はじめて政子を見た時にどう感じたのか。「垢抜《あかぬ》けない女だなあ、性格もきついし」などと思ったことは、容易に想像がつきます。にもかかわらず、政子と一緒になり、添《そ》い遂げたわけです。これも「俺は京都には近づかないぞ」というメッセージでしょう。

**本郷**　政子の実家・北条氏は大規模農場の農場主ぐらいのイメージで、もしかしたら当主の時政《ときまさ》は自分でも土いじりをしていたかもしれません。その時政の娘ですから、土の香りのする女性だった。また、政子が頼朝と結婚したのは二〇歳頃ですから、当時からするとかなり高齢だった。つまり、行き遅れていた。

**門井**　美人で評判だったら、もっと早く嫁に行っていたでしょうね。

**本郷**　頼朝はお姫様でも美人でもない政子をずっと大事にして、四人の子どもを持った。功成り名遂げた男は普通、若く美しい女性に手を出します。頼朝も浮気をした時、政子に愛人の家を破壊されています。でも、離婚しなかったところを見ると、頼朝は受けた恩を忘れない、律儀な人だったように思います。実際、流人《るにん》時代に親切にしてくれた人たちには、その後にちゃんと報いています。

**門井**　当時の田舎暮らしの人にすれば、女漁《あさ》りをするだけでも、あるいは女性を見に行くだけでも、京都に行く価値があったと思います。ところが、頼朝は京都にほとんど行かなかった。

**本郷**　そもそも、頼朝は鎌倉に幕府を開く必要もなかった。平氏を滅ぼして、征夷大将軍になった。そこで京都に戻るという選択肢もありましたが、それを選ばなかった。京都の魔力をよくわかっていたのです。「京都に近づいたら平氏の二《に》の舞《まい》になる」「義仲も失敗したし、義経も失敗している。俺は鎌倉にいよう」と思ったのでしょう。そこに、頼朝の強い意志を感じます。常人にできることではありません。

## 土地争いが武士の能力を上げた

**門井**　頼朝が配下に一対一で伝えた時代と、承久の乱の前に政子が行なった一《いち》対多《た》の演説の差は何かと考えると、ひとつは受け取る側の違いです。演説をした政子の能力もすばらしいのですが、それを受け取る武士の側にもリテラシー（読み書きの能力）がなければならない。それも、パーソナルな言語や歌などではなく、客観的な内容を理解する能力です。

その能力を御家人たちがどこで培《つちか》ったかと言えば、もしかすると、彼らが年がら年中行なっていた土地争いだったのではないでしょうか。

**本郷**　頼朝の挙兵から承久の乱まで約四〇年間、その間に武士たちは幕府という組織を立ち上げ、関東一円の武士たちと仲間になり、権力争いも繰り広げた。そこで急速にリテラシーが上がったことは考えられます。

**門井**　土地争いはなかなかやっかいです。たとえば、御家人Aと御家人Bが土地争いをしている時、幕府に仲裁を頼む前に、当事者どうしで相当やりあうと思うのです。しかし、いくらやりあっても、その土地が誰のものかを客観的に決めることは不可能です。結局、「俺が今ここにいる」と言うか、「先祖がかつてここにいた」と言うか、その二つしかありません。あとはそのバリエーションで戦うだけです。

そうであるがゆえに、言葉による戦いが成立するのです。散文の言葉は、証明できないことを証明しようとする時に発達します。事実によって証明できるものは、指を差せばいいわけですから。

西洋の場合、その役割を果たしたのが、神学論争です。神という絶対に存在証明のできないものの存在を証明するために、複雑な文法が発達し、散文が発達したのです。いっぽう、日本は八百万《やおよろず》の神ですから、そもそも神の存在を証明する必要がない。山を指差し、大きな木を指差せば、それで万事すんでしまう。その代わりに、散文を発達させたものが土地争いでした。

**本郷** 確かに、頼朝と御家人が一対一で話す時は、それほど言葉はいりません。極端に言えば、目をじっと見て肩を叩けばいい。それが、個別具体的なものを超えて多数を動かすとなると、言葉が必要になる。北条政子が御家人たちを動かすには、やはり言葉が必要だったのです。それで、演説という形態になったのでしょう。その後に演説を行なった人物は誰かというと、鎌倉で辻説法を行なった日蓮《にちれん》です。日蓮も多くの民衆を動かしましたから。

**門井** 説法の域《いき》をはるかに超えた、政治的な内容だったと思います。

**本郷** 日本の歴史のなかで、言葉で多くの人を動かした例はあまり見あたりません。天皇は御簾《みす》のうしろに隠れて姿を見せないし、平安貴族も特に姫君は顔を隠して人に見せないのが高貴で美しいこととされていました。世阿弥《ぜあみ》が『風姿花伝《ふうしかでん》』で述べた「秘すれば花」

の価値観です。

**門井**　北条政子の場合、ひとりずつ説得している時間がなかったという事情もありました。そのようなさまざまな要素が重なり、中世の世に、近代の一風景が出現したのかもしれません。そこから広げていけば、『方丈記《ほうじようき》』（鴨長明《かものちようめい》）や『徒然草《つれづれぐさ》』（吉田兼好《よしだけんこう》）などの散文をどのように評価するかという、鎌倉文学の議論にもつながっていくと思います。

## 頼朝落馬の真相

**本郷**　門井さんが小説を書くとして、頼朝が落馬して死んだことはどう描きますか。

**門井**　落馬は地味ですね（笑）。これが、実は落馬を装《よそお》った暗殺だった、とすると非常にドラマチックになりますし、そのような華々《はなばな》しい作風の作家もいます。しかし、それは一種の麻薬みたいなもので、どんなことでも書けてしまいます。

陰謀史観というか、特定の人物の悪意を設定してストーリーを作るのはすごく簡単なんですね。私は暗殺の証拠もないのに、歴史上の人物を暗殺するのは好きではありません。ですから頼朝は、落馬したという事実のままに描くと思います。

**本郷**　門井さんの言う通りで、ポイントはなぜ落馬したかです。私は、普通に心臓発作や脳溢血《のういっけつ》だったのではないか、と考えています。

**門井**　頼朝は五三歳で亡くなりましたが、もし落馬していなかったらどうなっていたか、その推測を描くことも考えられます。それには二通りあって、ひとつは鎌倉幕府がすぐに滅びたというもの、もうひとつは鎌倉幕府が安定して長く存続したというものです。長く存続する場合は、頼朝のカリスマ性で説明できます。

しかし、頼朝が長生きをしていたら北条執権《しっけん》時代に入らないので、御成敗式目《ごせいばいしきもく》もできなかったかもしれません。カリスマによる人格処理や統治では、組織は長持ちしないので、ある段階からドライな法務処理にシフトしなければなりません。それがスムーズに進まなかったとすると、鎌倉幕府は長持ちしなかったとか、そういう物語を書いて、頼朝の死に代えるという方法もありますね。

## 親王将軍の価値

**門井**　源実朝は建保《けんぽう》七（一二一九）年、鶴岡《つるがおか》八幡宮（現・神奈川県鎌倉市）において第三代将軍・頼家の子である公暁《くぎょう》に殺害されます。実朝には子がなく、公暁も討ち取られました。その一年後、公暁の弟・禅暁《ぜんぎょう》も殺されるなど、源氏の将軍家の血は絶えることになります。

幕府は将軍を空位にせず、京都から連れてきます。後鳥羽上皇に「親王を出してください」と頼むものの、断られて九条家から連れてくる。その後、親王が将軍になったということは、幕府だけでなく朝廷にも、将軍職を置くメリットがあったということですか。

**本郷**　その件に関して、これまでの著作では慎《つつし》んできましたが、思い切って言ってしまえば、在地領主たちの奴隷根性だと思います。朝廷からもらう官位官職から自由になれないし、その価値観を否定できないのです。

上から偉い人が下りてきて将軍のイスに座るぶんにはかまわないけれども、自分の仲間たちから将軍が出るのは許せない。もし、御家人仲間から誰かが将軍になろうとしたら、「あいつができるなら俺も」と、それこそ映画『アウトレイジ』のように、血で血を洗う闘争が始まるかもしれない。その意味では、統治の知恵とも言えます。

**門井**　担ぐ神輿《みこし》が必要だということですね。ヨーロッパの王室も同様です。たとえば、ドイツ出身で英語の話せないジョージ一世をイギリス王として受け入れたり、ハプスブルク家出身で神聖ローマ帝国のカール五世がスペイン王を兼ねてカルロス一世となったりしています。高貴な血筋が重要視されたのです。

**本郷**　朝廷は将軍を派遣することで、幕府の首に鈴をつけることができますから、朝廷側の思惑はわかりやすいのですが、幕府の奴隷根性は理解できません。そのいっぽうで、しかるべき人が上にいると落ち着くというのが、日本人の感性だろうなとも思います。二十一世紀の日本にも、議員をはじめとして世襲が多く見られますから。

**門井**　明治時代に華族制度ができ、宮家が整備されると、業界団体のトップに皇族や華族を戴《いただ》くケースが急速に広まりました。今でも非営利団体のトップに皇族が就《つ》いていることがありますが、これにはメリットがあります。講演会やイベントなどがありますと、宮様団体の主催だとなかなか断りづらいのです。たとえギャラが安くても（笑）。ただ、鎌倉時代の摂家将軍にはそのようなメリットはなかったと思います。

**本郷**　メリットがなくても、正統性という意味では重要かもしれません。自分の人生を振り返っても、若い頃は実績を挙げた人が上にいることは納得できても、生まれだけで上に立つのはずるいと思っていました。でも、齢《よわい》を重ねると、生まれや育ちがいい人が上に立つほうが争いは少ないだろうと思うようになりました。

だから、生まれのいい人が上に立つけれども、その周辺を固める人たちは能力で決めるというのがいいかもしれない。会社で言えば、トップは一族系で、その次は実績・実力のある人ということになります。

## 鎌倉幕府存続の理由

**門井**　鎌倉幕府が存続したのは北条氏、特に第二代執権・義時と第三代執権・泰時《やすとき》の力が大きかったと思いますが、本郷さんはどう見ていますか。

**本郷**　門井さんの表現で言えば、キングメーカーだった北条政子がキングになった。その子孫である北条氏は、自分には頼朝のようなカリスマ性がないから、御成敗式目を作ってみんなの力で幕府を動かしていこうという考え方にシフトした。その転換は実に見事で、北条氏は賢《かしこ》かったなあと思います。

**門井**　北条氏が将軍になろうとしたら、激しい権力闘争になりましたかね。

**本郷**　北条氏は梶原景時《かじわらかげとき》や比企能員《ひきよしかず》、和田義盛《わだよしもり》など有力な御家人たちを失脚させたり、滅ぼしたりしています。しかし、自分たちは将軍のイスに座ることはせずに、執権として権力を握りました。

もし、北条氏が将軍になろうとしたら、「北条氏の謀反だ」と大義名分を与えることになるので、不満を持っていた御家人たちが結集するでしょう。そこに朝廷も加わるかもしれませんし、さしもの北条氏も厳しい局面に立たされたでしょうね。北条氏の肩を持つわけではありませんが、自分たちの分《ぶん》をわきまえていたのだと思います。

**門井**　どんな政権でも、長持ちするには二つの段階が必要だと思います。第一段階は権力の確立、第二段階は利害の調整です。政権すなわち権力にはあらゆる人が集まってくるので、利害は必ずぶつかります。それを話し合って「ここいらでやってくれよ」と納得させるのが利害調整であり、平時における政治の一番重要な機能だと私は考えています。

この権力の確立と、その後の利害の調整は矛盾します。権力の確立は政治家、この場合は頼朝ですが、「自分が、自分が」と強く主張していく。そうでないと、権力は確立しません。しかし、その後の利害の調整になると、今度は自分が一歩下がらないといけない。一歩下がって人の話を聞くことに徹《てつ》しないと、調整もへったくれもないからです。

この二つの機能は矛盾しているので、第一段階から第二段階に移行する時に失敗することが多い。一代で終わる、あるいは二代・三代で終わる政権はだいたいそうです。

鎌倉幕府の場合、源頼朝というカリスマ支配から、北条氏による事務処理・法務処理に移り、実にうまくいきました。その移行期には尼将軍・北条政子が、頼朝の威光の残影を見せて人格処理をしながら、北条氏に引き継《つ》いでいった。もちろん政子の高い能力が成せる業《わざ》でしたが、政権の切り換え時に政子という人を得たことは、鎌倉幕府にとって幸運なことだったと思います。

**本郷**　なるほど。門井さんならではの見方ですね。

**門井**　日本の政権、特に幕府の場合、三代目に人を得るとうまくいく傾向があります。鎌倉幕府の場合、第三代執権に北条泰時が現われた。室町幕府は第三代将軍に足利義満が、江戸幕府は第三代将軍に徳川家光《いえみつ》がそれぞれ出て、いずれもその治世時に政権の性質が変わっています。この三つの幕府が政権として長持ちしたポイントはそこにあると思うのです。

## 創業と守成

**本郷**　門井さんの三代目仮説と関係しますが、江戸幕府では「俺が、俺が」と主張しない、能力のない将軍の人気が高く、幕閣の忠誠心も得られました。たとえば、第十四代将軍・家茂《いえもち》には勝海舟《かつかいしゅう》も無条件に忠誠を誓《ちか》いましたが、第十五代将軍・慶喜のように、自らの能力を鼻にかけるタイプは人気がありませんでした。

リーダーには高い能力が求められると思いきや、地位に座った時の収まりのよさが求められる。具体的には、「あの人が上に来るとしっくりいくなあ」と思われる人です。それは、日本社会のひとつの特徴かもしれません。

**門井**　政権が長期化すると、カリスマ的なトップはむしろ邪魔になる、と。

**本郷**　そういうことです。門井さんが言われた利害調整は公平でなくてはいけません。優秀なリーダーが「この業績は俺が上げたんだから、俺がいちばん分け前をもらうよ」と言うのは最悪です。リーダーは一歩引いて、公平な分配に徹すべきでしょう。権力は優秀なリーダーが一歩引いたところではじめて安定するのです。

**門井**　権力を確立するまでは、その優秀な人が前に出ないといけないわけだから、カリスマが長生きすると失敗するというのはそこなのでしょうね。一身にして両方を兼ねるのは、なかなか難しい。

**本郷**　言い換えれば、創業と守成ですね。若い頃は文句なく創業が大変だと思っていたけれども、守成もけっこう大変です。組織を安定成長させようとすると、二代目・三代目が重要になってきます。こういうことは、年を取らないとわからないんだなぁ。今元気のいいベンチャー企業のカリスマ経営者にすれば、「おっさんが何を言ってるんだ」ということでしょうけど。

**門井**　若い頃は、どうしても個性を重視しますね。もちろん、個性はなければならないと思いますが、ある程度の年齢になると、人間の個性に対してそれほど重きを置かなくなる。個性なんか個体差にすぎないと感じるようになります。その視点を獲得した時、またひとつ歴史がおもしろくなるかもしれません。

**本郷**　平将門は創業まではできなかったけれども、旗を揚《あ》げた。旗は揚げたけれども、それを回す文系の人材がいなかった。体育会系ばかりだった（笑）。

いっぽう、頼朝は御家人たちの力を集めて創業に成功したあと、大江広元《おおえのひろもと》、中原親能《なかはらちかよし》などの京下《きょうくだ》り官人《かんじん》（京都から鎌倉に下向《げこう》した公家出身の官僚）を起用して制度設計をした。つまり、文系の人材を連れてきたわけです。武士のなかに、それら文系の人材が育ってきたのが、次の室町時代です。

# 第三章

# 足利尊氏

## ――うかがい知れない英雄の心中

## 将軍になれる家と、なれない家

**本郷**　足利尊氏（一三〇五～一三五八年）は、足利氏の嫡男《ちゃくなん》として育ちました。足利氏は源氏の一門であり、源氏の嫡流に近い家柄です（53ページの図）。鎌倉幕府が行事を行なう時には、厳然たる席次がありました。まず将軍がいて、将軍の家族が並ぶ。次に源氏一門、その次に御家人のなかでも頼朝と親しい者たち、そして一般御家人の順です。いかに源氏一門が優遇されていたかがわかります。

また、武家には武家の棟梁、すなわち征夷大将軍になれる家となれない家がありましたが、足利氏は将軍になれる家柄でした。ほかにも平賀《ひらが》氏、佐竹《さたけ》氏、武田《たけだ》氏など清和《せいわ》源氏の家（同図）は、うまく立ち回ればという条件がつくのですが、将軍になれた可能性があります。

いっぽう、北条氏は将軍にはなれない家柄でした。御家人としてもけっして名門ではなく、大きな土地を持っていたわけではなかった。それで、執権として権力を握るとともに、梶原氏、畠山《はたけやま》氏など有力御家人を権力闘争で潰していくのです。

**門井**　北条氏は将軍になるよりも、それを京都から招くという賢い選択をしたということですね。

**本郷**　北条氏の権力闘争は御家人だけでなく、源氏一門にもおよびました。足利氏よりも席次が上だったのが、平賀氏です。平賀氏は格が高かったと言うこともできます。この平賀氏が、頼朝の死後に潰されるのです。具体的には、北条政子の父である時政が、平賀朝雅《ともまさ》を将軍に擁立しようとして失敗。時政は失脚し、朝雅は討たれています（牧《まき》氏の乱）。

**門井**　平賀氏が潰されていなければ、平賀幕府もありえたわけですか。

**本郷**　はい、ありえたと思います。足利氏も潰されていたら、佐竹幕府や武田幕府になったかもしれません。歴史の歯車は必然だけでなく、気まぐれに回ることもあるのかもしれません。

　戦国時代でも、徳川家康が豊臣秀吉《とよとみひでよし》より先に死んでいたら、歴史は変わっていたでしょう。豊臣政権が続いたかもしれませんし、徳川秀忠《ひでただ》が幕府を開いたかもしれない。あるいは、家康のリーダーシップがきわめて大きかったと考えれば、前田《まえだ》氏や蒲生《がもう》氏が政権を取っていたこともありえます。まあ、伊達政宗は「言うだけ番長」だから、出番はなかったと思いますが（笑）。

**門井**　なぜ足利氏は潰されなかったのですか。

**本郷**　将軍になれる家である足利氏を潰すのはなかなか大変だから、潰せなかったという見方もありますが、私は何かきっかけがあれば倒れていたと見ています。

たとえば、足利義兼《よしかね》は建久六（一一九五）年に出家、地元の下野国に隠居しました。不穏な空気を察知したためと言われています。ちなみに、妻は北条時政の娘（政子の妹）です。また、弘安《こうあん》八（一二八五）年の霜月《しもつき》騒動では、足利一門の吉良満氏《きらみつうじ》が自害に追い込まれています。さらに、尊氏の祖父にあたる家時《いえとき》は、北条氏との軋轢《あつれき》のなかで足利氏を守るために腹を切っています。

いっぽう、北条氏は足利氏を特別扱いもしています。それは、名前を見れば一目瞭然です。北条泰時と足利泰氏《やすうじ》、北条時頼《ときより》と足利頼氏《よりうじ》。北条貞時《さだとき》と足利貞氏《さだうじ》。つまり、北条得宗《とくそう》家《け》（北条氏の嫡流で当主は執権となる。また北条一族を執権に任じる権限を持つ）当主の一字が足利氏のトップに与えられているのです。また、足利氏の正室は、得宗家もしくはそれに準じる家の出身です。

**門井**　名前を見るだけで、北条氏から大事にされていることがわかります。ただし、大事にされているということは、警戒されていることも意味しています。いつ潰されるか、いつ潰されるかとおびえながら過ごしていたのかもしれませんね。

本郷　そのせいかなあ。足利氏は、精神的なバランスを崩す人が多いのです。尊氏の父親・貞氏には鬱《うつ》傾向が見られますし、第四代将軍・義持《よしもち》や第八代将軍・義政《よしまさ》は双極性障害と見られています。まあ、よく滅ぼされないで残ったなと思います。

## うじうじ尊氏

門井　本郷さんの話をお聞きして、足利氏の屈折した心理状況に思いを馳《は》せます。家柄では北条氏よりも上で将軍になれるのに、現実には、いつ北条氏に滅ぼされてもおかしくない状況に追い込まれている。加えて、形だけにしても、その北条氏を上から押さえているのは京都から来た摂家・親王将軍です。

足利氏がそこにコンプレックス解消の口実を見出さなかっただろうか。もっと言うと、「本来なら北条氏を押さえられる立場なのだ」と、自分たちと摂家・親王将軍を同一視したのではないでしょうか。京都に対して屈折した親近感を覚えると同時に、討幕のエネルギーにもなったように思うのです。

本郷　逆に言えば、累代《るいだい》にわたる権力闘争を勝ち抜いた北条氏は、相当に強かったのでしょう。しかも、将軍にならずに利害調整者として一歩引いたことで、リーダーとして認められた。
もし北条氏が「実力から言えば俺が将軍だ」と言って、将軍になったら、他の有力武士たちが「俺たちと変わらない家格だろ」「俺の家のほうが上だぞ」と言い出して、今度は北条氏が潰されたかもしれない。さらに御成敗式目を作って、「俺の勝手な判断ではなく、法律に従って政治をします」と宣言したあたり、相当にうまいですよ。

**門井** 足利氏が経営しているのは子会社であり、その上に北条カンパニーという親会社があり、そこからの締めつけが非常に厳しかったということですね。

**本郷** ただ、その北条カンパニーは新興企業であり、一発あてて伸《の》し上がった会社です。いっぽう、足利物産は子会社に甘んじているものの、伝統ある名門企業です。さらに、平賀商事や和田鉱業など、倒産させられた会社もたくさんあるわけです。

**門井** 実は、尊氏を主人公にした小説を書きたいと思って、本書の版元《はんもと》である祥伝社に持ちかけたことがあります。タイトルまで決めていました。『うじうじ尊氏』です。ところが、担当さんにあまり良い顔をされなかったので、代案として出したのが『家康、江戸を建てる』でした。おかげさまで直木賞候補にもなり、累計で二〇万部を超えました。

**本郷**　いや、『家康、江戸を建てる』以上の傑作が生まれて、今頃ハリウッドで映画化されていたかもしれませんよ。

**門井**　ははは。

**本郷**　なぜ尊氏を書きたいと思ったのですか。

**門井**　尊氏が活躍した南北朝時代は、大衆文学における「泣かせる話」が二つもあるからです。小説における泣かせるパターンはだいたい決まっていて、簡単に言えば、仲が良かった人が別れる話です。古今東西の泣かせるストーリーはほぼこれです。愛し合っていた男女の別れ、親子の死別、兄弟や親友が袂《たもと》を分かつ……などなど。南北朝時代で、「親子の死別」ストーリーが楠《くすの》木《き》正成《まさしげ》と正行《まさつら》・正時《まさとき》であり、「兄弟が袂を分かつ」ストーリーが足利尊氏と直義《ただよし》です。

優柔不断で決断できない兄・尊氏と、陰ながら兄を支え、時にはげます弟・直義。私の設定では、尊氏はあらゆる能力において凡庸《ぼんよう》で、うじうじして颯爽《さっそう》としておらず、アンチ・ヒーローの最たるものでした。そんな尊氏がなぜあれだけ大きなことを成し遂げることができたのかというストーリーにしたかった。文学としては野心的な試みでした。でも今、改めて考えると、弟の直義を主人公にしてもいいかもしれない。

**本郷**　ほお、どうしてですか。

**門井**　ちっとも動かない兄の尻を叩く話のほうが、人間的な苦労としてはおもしろいし、読者にもわかりやすいからです。私自身が男の子三人の父親だからかもしれませんが、尊氏・直義兄弟には興味がそそられます。息子たちを見ていて、兄の行動類型・弟の行動類型も何となくわかったので、そこも利用して書けたら、おもしろいストーリーになるような気がします。

**本郷**　うじうじ尊氏が、なぜ大仕事を成し遂げたと考えたのですか。

**門井**　その理由は、現時点ではわかりません。私もそうですが、多くの人が自分は凡人であることを自覚しています。それでも、小説の主人公に自己を投影して出世したり、天下を取ったり大きなことをしたいと望んでいます。だから、それがわかれば、読者の夢を叶《かな》えることにもなる。その意味でも、いい材料だと思います。

## 後醍醐天皇のキャラクター

**本郷**　元弘元《げんこう》（一三三一）年、後醍醐《ごだいご》天皇の討幕計画が発覚します。いわゆる元弘の変です。後醍醐天皇は隠岐《おき》国（現・島根県の隠岐諸島）に配流されますが、脱出して、幕府打倒を掲げます。後醍醐天皇は正中《しょうちゅう》元（一三二四）年にも、正中の変で失敗していますから、討幕にかける執念を感じますが、楽観的な人だったようにも思います。

というのも、後鳥羽上皇は承久の乱において綿密な計画を立てていますが、後醍醐天皇は延暦寺《えんりゃくじ》（現・滋賀県大津《おおつ》市）や興福寺《こうふくじ》（現・奈良県奈良市）の僧兵頼みで、平氏追討を命じた後白河上皇のレベルに戻っているからです。息子の護良《もりよし》親王を天台座主《てんだいざす》に据えたのは、僧兵をまとめるためでした。どうも、自分が「鎌倉幕府を倒せ」と言えば何とかなるだろうと考えていた節《ふし》がある。

**門井**　その後醍醐天皇の捕縛を幕府から命じられたのが、足利高氏（のちの尊氏）です。幕府としては足利氏を大事にしてきたこともあり、高氏を信じて任せたのでしょうね。朝廷側だと思っていたら、命じなかったでしょうから。

**本郷**　まさか、高氏が寝返るとは思わなかった。しかし、高氏は「俺は後醍醐天皇側につくぞ」と宣言、多くの武士たちが慕い寄ってきます。元寇《げんこう》（一二七四・一二八一年）における恩賞がなかったためだと言う人もいますが、それまで北条氏に押さえつけられていた不満やうっぷんが大きかったのかもしれない。高氏は足利氏の当主ですから、担ぐ神輿としては最高です。ここで、「将軍になれる家」が意味を持ってくるわけです。
高氏は京都の六波羅探題《ろくはらたんだい》（鎌倉幕府の出先機関）を、新田義貞《にったよしさだ》は鎌倉を攻略します。新田氏は足利氏とほぼ同格の清和源氏の名門ですが、足利氏に比べて官位や席次などで冷遇されていました。義貞は、今こそ「お家の積年の恨《うら》み」を晴らす好機と思ったでしょう。

**門井**　鎌倉幕府が滅亡すると、後醍醐天皇は京都に建武《けんむ》政権を樹立しましたが、この政権の本質は、源頼朝が朝廷から勝ち取った権利、すなわち武士の土地支配や武士による政権を否定するものと考えていいでしょうか。

**本郷**　はい。後醍醐天皇はあくまで上に朝廷・貴族がいて、武士はその下で働きなさいという考えだから、武士が政権を持つことを徹頭徹尾、否定しました。そこではじめて、尊氏（後醍醐天皇の諱《いみな》・尊治《たかはる》から一字を賜《たまわ》り改名）は、現実の厳しさを知ったのです。武士たちにしても「何のために骨折って討幕したんだよ」ということでしょう。各地で反乱が起こるのは当然です。

そのなかで無視できなかったのが、北条時行《ときゆき》が起こした中先代《なかせんだい》の乱です。時行は得宗家の出身であり、鎌倉幕府再興を掲げていたからです。ここで、尊氏が後醍醐天皇に求めたのが、征夷大将軍への任命です。しかし、後醍醐天皇は拒否。尊氏はしかたなくそのまま鎌倉に下向し、これを鎮圧します。

**門井**　尊氏は鎌倉幕府を倒したにもかかわらず、京都で将軍にはしてもらえなかった。朝廷からすれば、「教養だったら親王のほうが高いし、将軍は朝廷から出すべきだ」ということだったのでしょう。護良親王が征夷大将軍に任命されました。尊氏にすれば、自分でないと武士たちはついてこない、武士たちをまとめ上げるのは自分の役割だという自負と自覚がある。そのいっぽうで後醍醐天皇に逆《さか》らいたくはない、とうじうじする（笑）。

後醍醐天皇は、親王を鎌倉幕府の将軍に据えていたことで、朝廷が鎌倉幕府をコントロールできていたと考えていたのでしょうか。

**本郷**　前述のように、後醍醐天皇は楽観的な人ですから、そう信じていたかもしれませんね。鎌倉に行ったこともない朝廷の側近たちも、「実は将軍として派遣してはいますけれど、実権はないのです」とは耳打ちしないでしょうから。

## 鎌倉か、京都か

**本郷**　中先代の乱を鎮圧した尊氏は、武士たちに恩賞として土地を配ります。後醍醐天皇はこれを謀反と見なして、新田義貞に討伐を命じるのです。後醍醐天皇にすれば、「土地の差配をするのは朝廷、すなわち俺だ」。尊氏にすれば「命がけで奉公してくれた武士たちに恩賞を与えるのは当然であり、それは事実上の武家の棟梁である私の役目です」となる。

それでも、尊氏は行動を起こさない。新田軍が攻め寄せてきているのに、まだ戦うのをためらっている。とうとう、弟の直義が「兄貴、先に行くぜ」と出陣するのですが。直義は頭はいいけれど軍事はからっきしだめで、戦いに負けてしまいます。

直義軍敗北の報《しら》せを聞いて、尊氏はようやく重い腰を上げます。箱根竹ノ下《はこねたけのした》の戦い(現・静岡県駿東《すんとう》郡小山《おやま》町)で新田義貞を討ち破り、義貞を追いかけて京都に入るのです。そこで、ようやく後醍醐天皇と袂《たもと》を分かちましたが、このあたりまでの尊氏は門井さんが言う「うじうじ尊氏」そのものですね。

**門井**　私は、箱根竹ノ下の戦い後の軍議が日本史を変えたと思っています。これからどうするかという話し合いで、直義は「鎌倉へ帰ろう」と主張した。要するに、第二の鎌倉幕府をつくろうと考えた。しかし、足利軍は西上。京都に幕府ができました。この軍議で「京都へ上ろう」と主張したのは誰ですか。

**本郷**　教科書で室町幕府が開かれたとされる建武三（一三三六）年、建武式目が制定されました。その建武式目の前文に、幕府はどこに置くべきかという妙な文章がついています。

それを読むと、武家にとって縁起がいいのは鎌倉だから、鎌倉に置くべきだという声は多い。でも、鎌倉でないところに置くことになってもしかたがない——と書いてあります。そして、建武式目を制定した人の名前がずらりと書かれている。彼らは武士のなかでも文筆に長《た》け、法律づくりにかかわるような連中、つまり直義のグループです。ということは、「縁起がいい土地なので鎌倉がいい」と言ったのはたぶん直義であり、「そうでない場合があってもしかたがない」という主張は尊氏の意思を反映したもの、と学問上はなっています。

この京都行きは相当大きな決断です。なぜなら、足利軍の本拠は下野国の足利であり、屋敷があるのは鎌倉ですから。ただ、「京都に行くべき」と主張したのが尊氏本人なのか、あるいは腹心の高師直《こうのもろなお》あたりなのかはわかりません。もし尊氏が主張したとすれば、決断力ある尊氏と、うじうじ尊氏がどうにもつながらないのです。

**門井**　うじうじしている人間が追い詰められて、ドカンと大きなことをやったという解釈ができませんかね。また、もともと決断力があったけれども、後醍醐天皇のことを気にしすぎて、それまで力を発揮できていなかったという解釈もできます。尊氏がなぜ京都を選んだのかについては、のちほど話し合いたいと思います。

## 後醍醐天皇の豹変《ひょうへん》

**本郷**　建武三（一三三六）年、尊氏は京都に入りましたが、新田義貞と奥州から駆けつけた北畠顕家《きたばたけあきいえ》の連合軍に敗北します。尊氏は首を取られる寸前、船で九州に逃げ延びるのです。西国の武士たちは、〝負け犬〟となった尊氏を見捨てるどころか、「家来にしてください」と馳《は》せ参じた。これは、後醍醐天皇や義貞には予想外だったでしょう。政治的には、この段階で尊氏は勝利していたと言えます。

尊氏は大軍を率いて京都に攻め上り、湊川《みなとがわ》の戦い（現・兵庫県神戸《こうべ》市）で新田義貞・楠木正成軍を破ります。正成は自害し、義貞は京都に帰還しました。後醍醐天皇は義貞に護衛させて比叡山《ひえいざん》に逃げ込み、半年ぐらい籠もるのですが、やがて「こんな生活はもういやだ」と、尊氏に降伏しました。驚くのは、その時にあっさりと義貞を捨てたことです。義貞のことは何も考えず、「俺は京都に帰るから」と言って帰ってしまっている。

**門井**　義貞たちにすれば、「あなたのために命がけで戦ってきたのに、俺たちはどうなるのか」と思ったでしょう。

**本郷**　義貞の副将だった堀口貞満《ほりぐちさだみつ》が「なぜ、この戦いに負けたのか。それは帝徳がないからだ」と言ったと『太平記《たいへいき》』には書かれています。後醍醐天皇贔屓《びいき》とされる『太平記』ですが、そこまで言わせている。あなたの徳がなくて負けたのに、俺たちを切り捨てて京都へ帰ろうなんてとんでもないと怒っているわけです。

後醍醐天皇は「武士は俺の言うことを聞いていればいいのだ」と思っていた。いっぽう、武士にしてみれば、「この人、何、時代錯誤なことを言っているんだよ」と思っていた。そんな武士たちの不満や期待を一身に受けて、尊氏が動かざるをえなかった。だから、尊氏が負けても彼らは見捨てなかったのです。

## 楠木正成の忠誠心は本物か

**門井**　本郷さんが言うように、後醍醐天皇は武士が自分のために働くのは当然と考え、帝徳がなかったとすると、その帝《みかど》に死力を尽くす楠木正成の忠誠心は、より純粋なものになるわけですね。

**本郷**　いや、そうとも言い切れません。後醍醐天皇のもとに集まった武士たちのなかで、楠木正成と名和長年《なわながとし》だけは、後醍醐天皇が自ら発掘して使った武士なのです。正成は河内《かわち》国（現・大阪府南東部）の、長年は伯耆《ほうき》国（現・鳥取県中西部）の土豪であり、鎌倉幕府が認める御家人ではありませんでした。なのに、彼らは身分不相応な恩賞や褒美《ほうび》をもらっています。

当時、家柄に応じて恩賞のレベルが決められていました。ですから、正成が雑訴決断所《ざっそけつだんしょ》奉行人、検非違使、河内国と和泉国の守護などに任ぜられるのは、例のない大抜擢《だいばってき》なのです。正成は、その大抜擢に応《こた》えたのだと思います。

**門井**　正成は一世一代の博打を打ち、大きなものを得たということになりませんか。つまり、後醍醐天皇側に賭《か》けたわけです。

**本郷**　だとすると、正成が九州から上ってきた尊氏につかず、後醍醐天皇のもとにとどまったことがよくわからない。赤松則村《あかまつのりむら》はとっとと後醍醐天皇に見切りをつけて、足利方に尻尾《しっぽ》を振っています。その後、赤松氏は播磨《はりま》国（現・兵庫県南西部）の守護大名として残っています。正成も同じように足利方につけば、河内国あたりの守護大名として生き残れたでしょう。にもかかわらず、なぜ、そうしなかったのか。

**門井**　うーん、やはり忠誠心ですかね。でも、何かすっきりしないなあ。ここで、正成と尊氏を比べてみましょう。正成は湊川の戦いに向かう前に、後醍醐天皇に「しばらく京都を離れてください」と言っています。しかし、尊氏だったら、そのようなことは絶対言わないと思うのです。尊氏なら「京都にいてください。動く必要はありません。私が死んでもお守りしますから」と言うでしょう。

**本郷**　尊氏は名門に生まれ育っていますから、正統的な教養を身につけていた。いっぽう、正成はわずか十数年で成り上がり、劇的に亡くなってしまった。しかも、『神皇正統《じんのうしようとう》記《き》』を書いた北畠親房《ちかふさ》のように文字として自分の考えを残さなかった。ですから、その心中はなかなか測《はか》りづらいものがあります。

それよりも、正成は戦術家として再評価すべきだと思います。あれほどうまくゲリラ戦を戦った人は、日本史上はじめてです。さらに画期的な点は、城を使って防御戦を行なったことです。それまでは城に立て籠もっても、たいていすぐに落ちていました。ところが、正成は籠城戦で何カ月も耐え抜いた。それによって、城を活用した戦いが見直され、のちの武将たちがまねをするようになった。正成は、戦術家として非常に優秀だったのです。

## 不可解な尊氏の行動

**本郷**　建武三（一三三六）年、京都を制圧した尊氏は後醍醐天皇の勢力を一掃し、北朝（持明院統《じみょういんとう》）の天皇を擁立し、建武式目を制定します。征夷大将軍になるのは二年後ですが、教科書的に言えば、室町幕府の成立です。この絶頂の時に清水寺《きよみずでら》（現・京都府京都市）に納めた尊氏直筆の願文《がんもん》が、常盤山《ときわやま》文庫に所蔵されています（訳とふりがな、〔〕は引用者）。

「この世ハ夢のことく〔ごとく〕に候《そうろう》。尊氏にたう心〔道心《どうしん》〕たハせ給《たまい》候《そうろう》て、後生《ごしょう》たすけさせをハしまし候へく候。猶《なお》〳〵とくとんせい〔遁世《とんせい》〕したく候。たう心たハせ給候へく候。今生《こんじょう》のくわほう〔果報〕にかへて〔代えて〕、後生たすけさせ給候へく候。今生のくわほうをハ直義にたハせ給候て、直義あんをん〔安穏〕にまもらせ給候へく候。（この世は夢のようなものです。尊氏に道心（仏道を修行して悟《さと》りを求める心）をお授けいただき、後生をお助けいただきたく存じます。私は早く遁世したいのです。道心をお授けください。現世の果報に代えて、後生をお助けください。現世の果報は直義に賜《たまわ》り、直義を安穏にお守りいただきたく存じます）」

**門井**　いかにも尊氏らしい書状です。

**本郷**　出家して仏門に入ることを「発心《ほっしん》」と言います。たとえば、北面《ほくめん》の武士から出家した西行《さいぎょう》などは娘を縁側から蹴落《けお》として仏道に入りましたが、尊氏にはそこまでの決意はない。だから、「道心をお授けください」と嘆願しているわけです。しかし、実際には室町幕府を開いたのだから、尊氏の願いは叶えられなかったことになります。

**門井**　尊氏の本心はどこにあったのでしょうか。

**本郷**　尊氏は名門に生まれ、親からも大事にされ、また期待もされました。武士たちからの人望も厚く、慕われている。まさに順風満帆《じゅんぷうまんぱん》な人生です。しかも、懸案だった後醍醐天皇を京都から追い落としたところですし、征夷大将軍にもなろうとしていました。

尊氏は源頼朝を強く意識しており、すべてにおいて頼朝を規範にした行動を取っています。京都にいるのに「鎌倉殿《かまくらどの》」と称したことなど最たる例です。自分は頼朝の再来であり、武家の棟梁でもある。だから、「俺は将軍になる」と雄々しいところを見せる。いっぽうで「俗世には未練がない」と言う。このギャップが本当にわからない。

**門井** 尊氏の願文には決意・決断すらありません。心情吐露《とろ》に近い。現代風に言えば「会社を辞《や》めたいなあ。でも出勤するか」、しかし退職願は出さない。

**本郷** 驚くべきは、その退職願を出したいと言っているのが社員ではなく、社長であることです。しかも、業績は右肩上がりで、社内外から「尊氏社長はすごい」と言われている時に、「会社辞めてえなあ。俺より弟のほうが向いていると思うんだよね」と言っている。

**門井** 厳しい言い方ですが、尊氏は人望と軍事的才能以外のあらゆるものがないという感じがします。

**本郷** 戦《いくさ》をすれば勝ったので、まちがいなく軍事的才能はあった。指揮官として戦争に勝つということは、部下から慕われていて「この人のためなら命を捨てて戦おう」と思わせることができたということですから、それは人望と合わせ鏡です。

## 尊氏の性格は遺伝か、環境か

**本郷**　門井さんの尊氏イメージは、鷹揚《おうよう》にかまえて下からの意見に従うタイプですか。それとも、ふだんはうじうじしているけれど本質的には力を秘めているタイプですか。

**門井**　実力はあるけれども、めったに発揮しない。何かをする時に、やらない理由を探す人っているじゃないですか。「今日は体調が悪いから」「天気が悪いから」などと言って逃げる。その極端な例が尊氏ではないでしょうか。

**本郷**　尊氏は将軍になると、主に軍事を担当しました。しかし、朝廷との折衝など面倒くさいことはいやなので、政治は「直義やってくれ」と任せた。直義は、京都的なるものとの接触を少なくしたほうがいいと考えて「鎌倉へ帰ろう」と主張したにもかかわらず、政治を任されることになったわけです。そうしたら、貴族たちが「直義殿、うちの領地を返してください」などと、さまざまな係争を持ち込んできた。

**門井**　直義にしてみれば、「だから言わんこっちゃない」というところですね。本当にいい面《つら》の皮《かわ》です。

**本郷**　尊氏と直義は母親が同じで、年齢もひとつしか違わない。似たような環境で育っています。にもかかわらず、性格がまったく違う。そのようなことがあるのか、脳科学者の中野信子《なかののぶこ》さんに聞いたことがあります。

中野さんによれば、人間は後天的な要素が大きく、生育環境は同じでも、たとえば兄が「あなたは家を継《つ》ぐ身です。あなたが家を背負って立つのです」と言われ、弟が「あなたはお兄ちゃんを助けてあげなさい」と言われるなど、子どもの頃から異なる役割を刷り込まれると、まったく違う発達をするそうです。実験結果があるらしい。

**門井**　本郷さんの話を聞いていると、想像が膨《ふく》らんできます。もしかすると、母親の上杉《うえすぎ》清子《きよこ》は尊氏ばかりをかわいがり、気にかけていたのではないか。

たとえば四六時中、尊氏べったりで、何でもかんでも母親が決め、欲しいものは食べものでもオモチャでも欲しいだけ与えていた……とか。もしそうなら、自分が何かを欲しいと思うことすらなくなります。大人になった尊氏は献上されたものを片《かた》っ端《ぱし》から他人にあげてしまったと言いますから、無欲な性格はそのようにしてつくられたかもしれません。

いっぽう、弟は近習《きんじゅう》に育てられ、放任されているけれど、「いずれは、あなたは尊氏様の臣下になられます」と言われて大きくなる。そういう話にすれば、冒頭の三〇枚ぐらいはすぐに書けそうです。

**本郷**　尊氏・直義の父親である足利貞氏の正室は北条（金沢《かねざわ》）顕時《あきとき》の娘で、上杉清子は側室です。上杉氏は、鎌倉幕府の最初の親王将軍である第六代将軍・宗尊親王について京都から鎌倉に来た下級貴族であり、もともとは武家ではありません。

## 尊氏はなぜ京都を選んだのか

**門井**　上杉清子は京都から来たと考えていいですね。

**本郷**　いえ、清子が生まれたのは、丹波《たんば》国（現・京都府中部、兵庫県北東部）です。ただ、前述のように、上杉氏は鎌倉に来てから一〇〇年は経っていませんし、京都の伝統的な教養を身につけていたでしょう。

**門井**　もし、清子が尊氏に英才教育を施《ほどこ》していたとしたら、それは和歌や『源氏物語《げんじものがたり》』だったかもしれません。清和源氏の名門の家に生まれながら、都の貴族文化に接する。尊氏の心は二重三重に屈折するいっぽう、京都への強烈な思いが芽生えても不思議ではありません。

**本郷**　そうなると、尊氏は本質的に京都の人間なのかもしれない。少なくとも京都を敵対視することはなかったでしょう。尊氏が生まれ育った鎌倉後期には、御家人たちが何の実利もないにもかかわらず、官位官職を欲しがるようになりました。現在の貨幣価値で二〇〇〇万円くらいのお金を出して、左衛門少尉《さえもんのじょう》など中下級の官職を買ったりしたのです。

**門井**　京都の魔力は、やはり無視できない。

**本郷**　鎌倉時代も室町時代も、文化の中心は京都でした。それを受容したら武士は堕落《だらく》するのかというと、そんなことはなく、むしろ武士たちは京都の文化を能動的に求めていた。たとえば、金沢文庫《かねざわぶんこ》の設立に尽力した北条氏一門の金沢《かねざわ》氏は、京都でお茶を楽しんでいました。

尊氏もそうだったとすると、尊氏がなぜ鎌倉ではなく京都で幕府をつくろうと決めたのかという問いの答えは、歴史的人物である尊氏の心情から炙《あぶ》り出せるかもしれません。それは文学の力を借りて歴史の解釈をするということでもあります。

**門井**　よく政治と文学という対比をされますが、政治と文学であれば、政治がだいたい勝つ。ですから、戦後の左翼評論家は、文学がいかに政治に抵抗したかという立場に立つわけです。でも、彼らが論じる前に、そのような実例があったということですか。

**本郷**　そういうことでしょう。尊氏が心情を大事にする人であり、直義が政治を冷徹に考える人だったとすると、京都か鎌倉かという選択が出てきたのはおかしくない。たまたま尊氏が兄だったから、京都に決まったということかもしれない。

だから尊氏は、京都で「あなたの時代です。政治をしてください」と言われた時、清水寺で「俺はやりたくない。逃げたいんですけど」と心情を吐露してしまった。そう考えると、話がつながるなあ。

**門井**　表現を変えれば、尊氏は人文科学的人間すなわち文学部出身で、直義は社会科学的人間すなわち法学部出身だった。つまり、尊氏の文学部的発想が歴史を動かし、幕府の場所まで変えてしまったと言えるかもしれないと今、思いました。

**本郷**　私の師匠である石井《いしい》進《すすむ》先生（東京大学名誉教授、故人）に「先生、なぜ尊氏は京都に幕府を移したのですか」と質問したことがあります。石井先生は大学者ですから、普通は学生など相手にしてくれません。答えてくれても一言二言で、こちらが傷つくだけなので、私たち学生はめったに質問しませんでした。でも、その時は思いきって聞いてみました。そうしたら、「本郷君、あの時点だったら京都以外に考えられないよね」と言ったのです。

**門井**　うーん……。

**本郷**　直義は「鎌倉に帰ろう」と言っていた。にもかかわらず、それを退けてまで京都に行った理由を答えてくれなかったのです。その真意は今も謎ですが……。私自身は、貨幣経済の発達にともない、流通と経済の中心である京都を押さえなければ、日本を押さえたことにならない。だから、尊氏は京都を選んだと考えています。

## 征夷大将軍から「征夷」が取れた⁉

**門井**　そもそも源頼朝が征夷大将軍になったのは、武家の棟梁であることを具体的に示すためであり、あとづけではあるけれども、源氏が陸奥国を攻略したことが大きかった、という話を前にしました。これが足利尊氏の頃になると、陸奥国と将軍のイメージはすでに切れていると考えていいですか。

**本郷**　いいと思います。前述の『源威集』には、足利氏が武家の棟梁となっている理由として、前九年の役・後三年の役で武士たちが源氏との間に主従関係を結んだことが挙げられています。源氏は武士の主人にあたり、その源氏の正統な後継者が足利尊氏殿であり、源頼朝殿の再来である。だから、尊氏殿に従わねばならないという理屈が展開されているのです。それはフィクションなのですが、その感覚を当時の武士は共有していました。
しかし、尊氏の頃の東北地方は刃向かう勢力もいなくなり、金《きん》も取れなくなって治める価値がなくなっていました。だから、征夷大将軍の「征夷」には内実がなく、ただの「大将軍」であったということです。かつて、坂上田村麻呂が征夷大将軍をもらい成功した。そんな縁起のいい役職だったから、頼朝がそれをもらった。そこにすべてがあったわけです。尊氏もこれと同様です。尊氏は、頼朝を強く意識していましたから。

**門井**　「征夷」の実質がなくなっていたということは、逆に言えば、田村麻呂の時代に「外国」だった東北地方が、この時は「日本」になったということでしょうか。

**本郷**　室町幕府の東北地方の統治は、かなりいいかげんでした。幕府は、東北地方をコントロール下に置こうとして役所を置き、人を送り込みます。最初は「奥州総大将《おうしゅうそうだいしょう》」と言いました。これが「奥州管領《かんれい》」に変わり、のちに「奥州探題《たんだい》」となった。さらに、ここから出羽国を治める「羽州《うしゅう》探題」が分離されるのです。
しかも、送り込んだ人たちがろくな仕事をしない。成果が出ないと、次の人間を送り込むのですが、引き継ぎもせず、前任者を召還することもしない。だから、もっとも多い時は五人の奥州管領が並び立っていた。こんなでたらめなことはありません。

**門井**　すごい話だなあ。

**本郷**　次々に人を送り込んで、誰かうまくいけば儲けものぐらいの感じで、まったく一貫性がない。結局、第三代将軍・義満の時に東北は関東を治めていた鎌倉公方《かまくらくぼう》に任せ、京都の幕府はかかわらないことにした。要するに、関東と東北を京都から切り離したわけです。ですから、異国ではなくなったけれども、日本にもなりきれていない感じがします。

## 武士の変化

**門井**　鎌倉時代を通して、武士の人口は増えたのでしょうか。

**本郷**　在地領主＝武士たちは各地にいたわけで、彼らが御家人になったかどうかで見てみましょう。頼朝の時代、たとえば武蔵国《むさし》（現・東京都、埼玉県、神奈川県東部）には百数十人の御家人がいました。西国ではそれほど多くなく、四国だと一国で二〇人ほど。それが、承久の乱を経て増加し、元寇でまた増えた。均《なら》せば一国で五〇人くらいでしょう。

わかりやすく言えば、御家人は鎌倉初期には今の国会議員くらいの人数だった。それが後期になると、県議会議員くらいになったという感覚です。

**門井**　鎌倉幕府の御家人たちは、室町時代にも御家人だったのですか。

**本郷**　鎌倉時代と室町時代の制度設計は、ほぼ同じと考えてまちがいありません。その証拠に鎌倉幕府の御成敗式目は、室町時代にも通用しました。室町幕府は鎌倉幕府2.0、つまり鎌倉幕府と室町幕府は連続してとらえることができるのです。

武士の変化について言えば、彼らのリテラシーは確実に上がりました。それまで字も書けなかった御家人たちが多少はできるようになり、都の文化についても理解を深めた。そのいっぽうで、「貴族なんて大したことがない。戦ったら俺たちのほうが強いぜ」と言う武士もいる。そういう武士たちに「おまえらバカだな。力が強いだけじゃ政治はできないんだよ。すこしはそういうことわかれよ」と窘《たしな》めるのが、直義の役割でした。

**門井**　嫌われ役ですね。

**本郷**　土岐頼遠《ときよりとお》が光厳《こうごん》上皇の牛車《ぎっしゃ》に矢を射《い》るという事件を起こした時も、武士たちが「出来心ですから、命だけは助けてやってくださいよ。彼の武勇はリスペクトの対象です」と助命を願っても、政権の大事を考える直義は断固として譲らず、斬首しています。

その結果、武士たちから「貴族の犬め」というレッテルを貼られてしまった。そういう面でも、直義には同情します。

## 室町武士と江戸武士の違い

**門井**　室町時代の武士と言うと、まだ鎌倉時代を引きずっていて、実質一方というイメージが強い。これが江戸時代になると、がらりと変わる。忠義が武士の精神的価値になるのです。武士全員がそう思ったわけではないでしょうが、少なくとも合意事項であり、社会通念となった。

なぜ江戸時代に精神性が強調されたかというと、江戸時代の主従関係には実質・実態がないからです。もともとは土地があり、そのやりとりのなかで主従関係が成立していたのに、そのやりとりがなくなり、サラリーマン化した。武士であれば、命がけで戦わなくても米をもらえる。両替商に行けば、お金にも替えられるようになった。しかし、主従関係は維持させなければならない。そのために、忠義をやたらに強調するようになったわけです。逆に言えば、鎌倉・室町時代は実態があったぶんだけ、主従関係は安定していたように思うのです。

**本郷**　なるほど。それは、すばらしい発想だなあ。鎌倉・室町時代の武士は、目に見えるものを通して主従関係が結ばれている。だから、その関係は安定する。いっぽう、江戸時代の主従関係は、抽象概念によって結ばれているから不安定というわけか。

では、門井さんの発想を、大きな歴史の枠組みで結実させてみます。江戸初期、林羅山《はやしらざん》が幕府に登用されて、朱子学《しゅしがく》（十二世紀に朱熹《しゅき》が大成した儒学《じゅがく》の一派。身分秩序を重視した）がお上《かみ》公認の学問となり、「主君＝お家大事」の考えが定着したと言われます。しかし、儒学では「忠《ちゅう》（君主への忠義）」と「孝《こう》（親への孝行）」という二つの概念のうち、親への孝行が上位とされています。

「忠」と「孝」については、中国で数千年にわたって議論されてきました。その象徴的な逸話が、父親が牛を盗んできた時に息子はどうすべきか――です。秦《しん》の始皇帝《しこうてい》をはじめ、法家《ほうか》（法による厳格な統治を主張する思想家）たちは、「父親といえども、法を犯した罪人は役所に突き出しなさい」と言いました。しかし儒学の結論は、父親を庇《かば》い、匿《かくま》え――です。

ここからわかるように、儒学では親への孝行が一番の徳目であり、主君への忠義はその下です。ところが、日本では主君への忠義と親への孝行は、車の両輪となった。明治二十三（一八九〇）年に制定された教育勅語《きょういくちょくご》にも、親に孝行するように主君に忠節を尽くしなさいと書かれていますが、これは日本の理屈なのです。

門井さんが言うように、実態がないからこそ、主君への忠節をきわめて高い価値として置き、強調したのでしょう。

**門井**　もしかすると、日本の歴史において「孝」が大衆レベルまで強調されたのは、明治以後かもしれません。江戸時代の史料を読んでいても、あまり「孝」という言葉は見かけません。井原西鶴《いはらさいかく》の『本朝二十不孝《ほんちょうにじゅうふこう》』などは、まだまだ中流以上の文学ですね。そして大正期以後、メディアの発達とともに急速に広まった。特に、講談社（当時は大日本雄弁会講談社）の雑誌『キング』などですね。なぜ、そういう変化が起きたかというと、おそらく農民が小説を読むようになったからだと思うのです。

明治になると、広く農民層まで家父長制が制度化されました。長男が家を継ぎ、次男以下は兵隊に取られるようになった。その変化を見て取った小説家たちは、親孝行の話をたくさん書き、読者もそれを受け入れるという関係が成立したのではないでしょうか。

**本郷**　そうすると、儒学は外来の教えであることを再認識しないといけませんね。すなわち、儒学が日本古来のものであるかのようにとらえる考えを改める。

私たちは戦後、女性の社会進出、親の支配からの脱却など家父長制的なしくみを打ち破れと言われてきました。その時、日本では昔から親孝行を徳目としていたんだと思っていましたが、実際はそうではなく、歴史は浅いのかもしれません。

## 尊氏は朝敵ではなく、討幕の志士⁉

**本郷**　尊氏は、頼朝に続いてさらなる打撃を朝廷に与えたことはまちがいありません。頼朝が心中で天皇や朝廷をどこまで重んじていたかはわかりませんが、荒くれの御家人たちを率いて、武士たちを社会的な存在にまで引き上げたのが、頼朝の仕事でした。そして、尊氏のもとではじめて整備された将軍権力が誕生しました。

将軍権力とは軍事（主従制的支配権）と政治（統治権的支配権）から成立しており（125ページの図）、これを「将軍権力の二元論」と言います。簡単に言えば、政治を行なって統治するが、治まらない時は軍を率いて反乱勢力を鎮圧するということです。

頼朝の支配はあくまで御家人に対してであり、民衆までを対象にした政治はできませんでした。それを、武士から民衆まですべて、日本全国を対象に行なったのが尊氏です。ただし、尊氏は前述のように、政治に関しては弟・直義に〝丸投げ〟でしたが。

また、頼朝は京都から遠く離れた鎌倉から、朝廷に意思表示をしましたが、尊氏はすぐ近くから意思表示した。この時、尊氏自身は天皇や朝廷に親近感を覚えているので、きついことは言わない。「このあたりでやめておこうか」と、なあなあな態度に終始しました。

**門井**　私が考えるに、尊氏とは日本にはじめて現われた倒幕の志士です。ここで言う倒幕とは、すでにある武家政権を倒すという意味です。独立した武家政権を倒すために、挙兵したのは尊氏がはじめてです。

確かに、源氏は平氏を政権から引きずり下ろしました。が、平氏を独立した政体と見なすことには無理があります。やはり朝廷内の有力勢力という感じがします。言うならば、源氏が平氏を破ったのは、自民党内での派閥交代ということでしょう。

尊氏は鎌倉幕府を潰し、武士の政権を否定する後醍醐天皇を京都から追い払った。にもかかわらず、朝廷を潰すことはしなかった。倒幕はしたけれども、倒朝はしなかった。これは、現在に至るまでの日本史のモデルになりますね。

**本郷**　そこらへんを理解していない幕末から戦前までの人たちは、尊氏を朝敵や国賊のように言いますね。

尊氏はうじうじしながらも、自分の考えていたことを周囲の助け、特に直義のサポートを得ながら、成し遂げた。ところが、尊氏派と直義派の内紛から始まった観応《かんのう》の擾乱《じょうらん》

（一三五〇～一三五二年）で、腹心の高師直らを失い、直義も葬《ほうむ》らざるをえなくなった。

結果、尊氏は難局をひとりで乗り切ることになります。もちろん、新しい時代の武士たちが側近になっていたでしょうが、昔からの仲間たちがいなくなった時、尊氏はどのような心境だったと思いますか。

**門井**　観応の擾乱でも、尊氏は自ら積極的に弟を討ったようには思えません。もちろん最終的な決断はしたのでしょうが、それも周囲に「やりましょう。やるべきです」と言われて、ようやく決断したのではないでしょうか。その意味では、背中を押してくれる人が、

**将軍権力の変遷①**

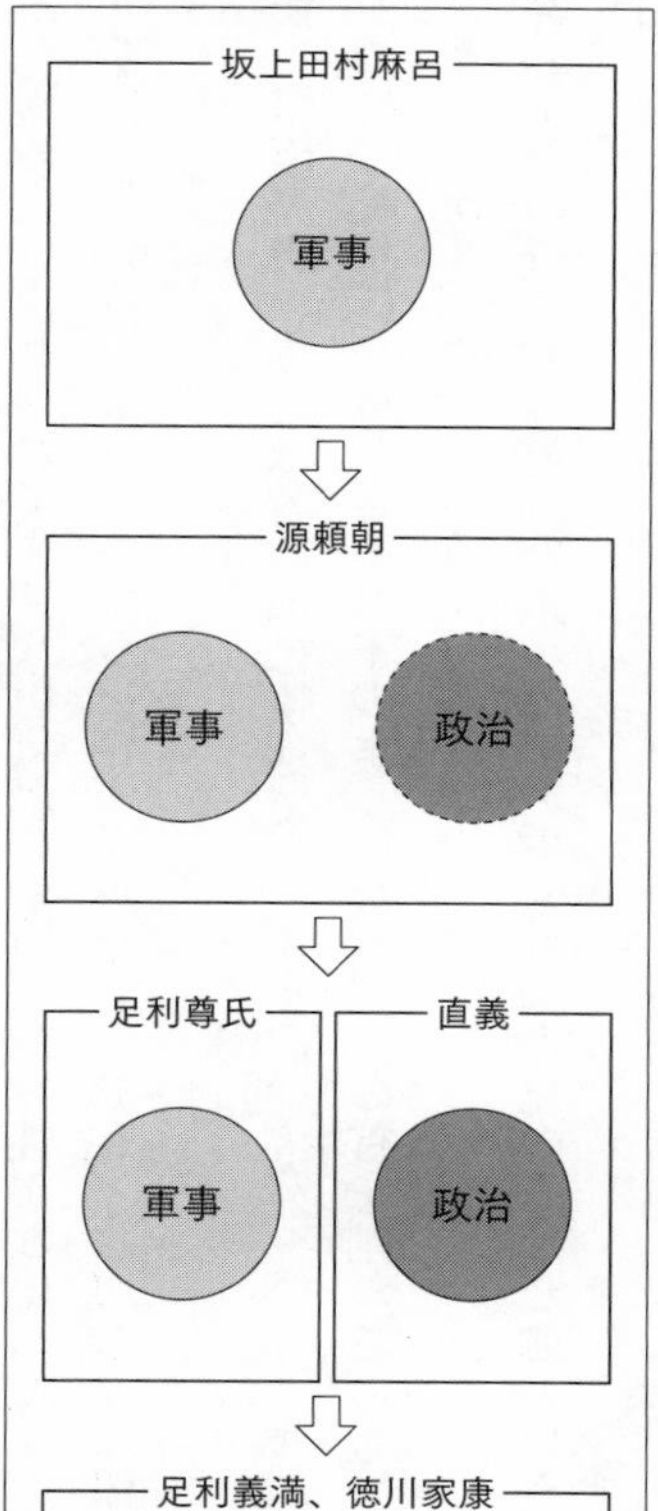

弟から別の人に代わったにすぎない気がします。主体性がないのです。その主体性のなさを武器にしているとまで言ったら言いすぎかなあ。でも、お坊ちゃん体質のままだったと思います。

**本郷**　豊臣秀吉の場合は若い頃は快活で、しかも戦《いくさ》でなるべく人を殺さないようにしてきたのに、晩年になると専制君主のようになり、人の首を刎《は》ねるのも平気になってしまいました。しかし、尊氏はそうではなかった、と。

**門井**　小説の終わりは最愛の弟が死に、生き残った兄のさびしさという感じで締《し》めたいですね。

**本郷**　なるほど。臨終の床《とこ》で「ああ、後醍醐天皇がおいでになった。あの時はすいませんでした」と詫《わ》びながら死んでいくのも、尊氏らしい最期《さいご》かもしれませんよ。

# 第四章

# 足利義満

## ——最大の権力者が求めたもの

## 生まれながらの将軍

**門井**　足利義満（一三五八～一四〇八年）は室町幕府の第三代将軍ですが、全十五代を数える足利将軍のなかで最大の権力者でした。いや、坂上田村麻呂から始まり、鎌倉幕府、室町幕府、江戸幕府の全将軍のなかで、義満ほどの権力者はいません。それほどの権力を握っていた。

三代目は初代・第二代と異なり、生まれながらの将軍です。室町幕府と江戸幕府に共通するのは、第三代将軍の時に飛躍すること。将軍ではありませんが、鎌倉幕府における北条氏の執権も同様です。そこに法則性のようなものがあるとすれば、組織ができて、その上り調子の時期に生まれながらの権力者が出てくるので、支配が盤石《ばんじやく》になり、隆盛期になるのではないでしょうか。逆に言えば、三代目に人を得ないと組織は衰退する。

**本郷**　門井さんの三代目仮説ですね。

**門井**　鎌倉幕府では頼朝の死後、将軍はお飾りに近く、執権である北条氏が政治を行なっていましたが、義満は自分で決めて実行するタイプです。何をやっても武士たちが言うことを聞く状態で、義満自体が強烈な光を放っていました。その意味では、将軍＝偉い人という私たちのイメージは、義満が原型になっているのかもしれません。

さらにこの頃、京都という町の経済力も鎌倉時代と比べて格段に上がっています。室町時代の京都は商工業の町でした。政治や文化の中心であるだけでなく、職人の町へと変貌しつつあり、富裕層が存在していました。その意味では、義満には金の臭《にお》いがプンプンする（笑）。

義満の肖像画を見ると、貴族的とまでは言えませんが、生まれながらの気品のようなものを感じます。人は自分の言うことを聞くに決まっていると思っている人に特有の、ある種のオーラがあるのです。

**本郷**　鎌倉幕府の第三代将軍・実朝は文化人としては優秀だったけれども、政治家としては大きな仕事はできませんでした。やはり大事に育てられた人は現場知らず、苦労知らずで、あまり大きな仕事はできないのかなあと思ったりしますが、義満は大きな仕事——有力大名の粛清《しゆくせい》による幕府権力の確立、南北朝合体、日明《にちみん》国交樹立と貿易など——をしている。周囲が優秀だったということではないので、やはり本人の能力かなあ。

## 将軍権力の完成

**本郷**　室町幕府の権力は、奉行人《ぶぎょうにん》と奉公衆《ほうこうしゅう》によって支えられていました。いずれも将軍に直隷《ちょくれい》した直臣《じきしん》です。奉行人とは政治や裁判を補佐した武士であり、その職は世襲されました。家の仕事として教育を受けているわけで、義満の頃には、このような文官的な武士が相当育っていたのです。

奉公衆とは、幕府の直轄軍です。京都に常駐して一番隊など三〜七の部隊に分かれていました。京都に住んで生活するわけですから、お金がかかります。そのお金は、彼らに御《ご》料所《りょうしょ》（幕府直轄地）を預け置くことで捻出していました。具体的には、荘園の代官に任命され、荘園から税金を取る時にある程度を自分の懐《ふところ》に入れて、残りを幕府に上納するというシステムです。その軍勢は、義満の頃には三〇〇〇人に上ったと言われています。守護大名が京都に連れてくる兵が五〇〇人ほどですから、かなりの兵力になります。

**門井**　もう常備軍ですね。

**本郷**　世界史的な見方では、中央集権国家の条件とされるのが官僚と常備軍です。その官僚にあたるのが奉行人であり、常備軍にあたるのが奉公衆です。

**門井**　室町幕府の将軍は、鎌倉幕府の将軍に比べて権力は強いと言えますか。

**本郷**　第三章で、将軍権力は軍事（主従制的支配権）と政治（統治権的支配権）から成立すると述べましたが、幕府は軍事政権ですから、軍事力が弱ければ政治力も弱くなる。その点、足利将軍は奉公衆という軍事力を有していましたから、鎌倉幕府の将軍よりも強いと言うことができます。

尊氏の段階では、尊氏が奉公衆的な武士たちを支配し、直義が奉行人的な武士たちを支配する体制でした。その二人の力が統合されることで、義満の将軍権力が姿を現わした。すなわち、将軍権力を構成する政治と軍事が、ひとりの将軍のもとに統合されたわけです（125ページの図）。

**門井**　そうなると、近代的な元首に近い。

## 将軍家の収入

**本郷**　義満の功績は、明徳《めいとく》二（一三九一）～同四（一三九三）年の三年間に集中しています。ひとつ目が、大名の統制です。義満は、幕府直轄地よりも広い領国を持つなど、幕府基盤を揺るがしかねない有力大名の力を削《そ》ぐことに力を注ぎました。まず明徳元（一三九〇）年に土岐康行《やすゆき》の乱が、翌年に明徳の乱が起きます。さらに応永《おうえい》六（一三九九）年には、大内義弘《おおうちよしひろ》による応永の乱も起きています。

**門井**　いずれの乱も、義満が家督争いに介入したり、挑発したりして、乱となるように仕向けています。剛腕なだけではなく、策士でもありますね。

**本郷**　これらの乱のなかで、重要なのは明徳の乱です。全国の六分の一にあたる一一カ国を領して「六分一殿《ろくぶんのいちどの》」と称された山名《やまな》一族を討伐し、弱体化させたのです。山名氏は直義党であり、南朝（大覚寺統《だいかくじとう》）側の勢力でもあったので、室町幕府の仮想敵とも言える存在でした。

二つ目が、翌一三九二年の南北朝の合一《ごういつ》です。具体的には、南朝の後亀山《ごかめやま》天皇が吉野《よしの》（現・奈良県吉野郡吉野町）から京都に戻り、北朝の後小松《ごこまつ》天皇に三種の神器《じんぎ》（八咫鏡《やたのかがみ》・草薙剣《くさなぎのつるぎ》・八坂瓊曲玉《やさかにのまがたま》）を譲渡しました。皇位を交代で継承する条件で和解となったのですが、約束は守られず、幕府側の北朝が継承していきました。南朝は泣き寝入りするしかない。まさに、軍事力を背景にした政治力です。

三つ目が、一三九三年に制度化された土倉役《どそうやく》と酒屋役《さかややく》です。土倉役は京都・奈良の金融業者に、酒屋役は京都・奈良の酒造業者に課した税です。それまで、京都における徴税権は朝廷の検非違使が持っていましたが、幕府の侍所《さむらいどころ》に移りました。これによって、幕府の京都支配が揺るぎないものになったのです。

**門井**　この税は、お金で徴収したのですか。

**本郷**　はい、銅銭です。土地を基盤とした鎌倉幕府から、一歩踏み出したわけです。そもそもは将軍家の土地収入が少ないため、徴税や貿易はそれを補《おぎな》うものでした。足利将軍家と徳川将軍家の土地収入の違いは、直轄軍の数を比べれば一目瞭然です。

室町幕府の奉公衆は前述のように三〇〇〇人。いっぽう、徳川将軍家は旗本《はたもと》八万騎を称しました。もちろん、実際はもっと少なかったのですが、徳川家の総石高四〇〇万石から動員兵力を計算すると、一〇万人の軍勢を推定できます（当時の四〇万石で一万人の軍役を目安）。

**門井**　足利将軍家の御料所が少なかったとしても、桁《けた》違いですね。

**本郷**　徳川将軍家の場合、一職《いっしき》支配が確立していましたから、土地からの上がりはすべて自分のものになりましたが、足利将軍家にはそれができなかった。一職支配とは、豊臣秀吉による太閤検地《たいこうけんち》によって、土地の重層的支配が廃されたあとの支配形態です。

たとえば、武蔵国が領地の場合、江戸時代は武蔵国の税金を領主は全部自分のものにすることができました。しかし、室町時代は荘園ごとに貴族や寺社のヒモがついていて、全部が自分のものにならなかったのです。

**門井**　だから、義満は日明貿易に傾斜していくわけか。

## 美術プロデューサー・義満

**本郷**　日明貿易は「貿易」の名がついていますが、純粋な貿易ではありません。明の冊封《さくほう》体制のなかで、日本が貢物《みつぎもの》を持って挨拶《あいさつ》に行くわけです。すると滞在費はむこう持ちで、帰りには貢物の一〇倍以上の土産がもらえる。さらに、商人が船に乗って商売をするので、大儲けということになるわけです。ただし、沈めばすべてパーになります。

**門井**　ハイリスク・ハイリターンということですね。日明貿易は、確かに幕府に莫大な富《とみ》をもたらしました。しかし、義満はお金や土地とは別に、美術や文化も権力基盤にしたと思うのです。それは京都ならではのことで、江戸や鎌倉に幕府を置いてはできません。義満は単に審美眼が優れているだけでなく、現代で言う美術プロデューサーでした。

**本郷**　足利将軍家が収集した美術品である東山御物《ひがしやまごもつ》には、義満が集めた物が多く見られ、日明貿易で入手した唐物《からもの》などもあります。

**門井**　義満以前の評論家と言えば、藤原定家です。『小倉百人一首』を選んだとも言われているし、歌論書も多い。文芸評論家としては、小林秀雄《こばやしひでお》など問題にならないぐらい後世を支配しています。しかし、評論家を超えてプロデューサーにまでなり、政権そのものを美術で包み込んでしまった、あるいは美術そのものを政権の武器にしたという点では、義満が空前絶後であったように思います。

審美眼だけなら、銀閣寺《ぎんかくじ》（慈照寺銀閣《じしょうじぎんかく》。現・京都府京都市）を造った第八代将軍・義政のほうが優れていると思いますが、義政の場合は個人の審美眼にとどまる度合いが高いのです。いっぽう義満は、金閣寺《きんかくじ》（鹿苑寺金閣《ろくおんじきんかく》。現・京都府京都市）に後小松天皇を呼んで文物《ぶつ》を見せ、宴会も催《もよお》した。それは、日本美術史でも頂点を極める、美術を超えたイベントであったと考えています。あれほどのイベントは、豊臣秀吉の北野大茶湯《きたののおおちゃのゆ》ぐらいしかないのではないでしょうか。

美術がはっきりと権力になった。あるいは美術を権力にしたのが義満だった。義満が室町通りに建てた将軍邸である「花の御所《ごしょ》」。この言葉は、室町幕府の名前の元になりましたが、足利政権の性格を非常によく表わしています。「花」という、綺麗なだけで何の役にも立たないものが、政治権力の象徴になる、もしくは実質になっている。まさに花の政権であり、花ゆえに萎《しぼ》むのも早かったのです。

## 義満は古代人、義政は中世人

**門井**　歴史を大雑把《おおざっぱ》に三つに分けると、古代・中世・近代になります。これを日本史にあてはめ、仮に近世を近代に含めると、古代と中世を分かつのは鎌倉幕府の成立ですね。

**本郷**　封建制の成立が中世の概念ですから、そうなりますね。

**門井**　ところが、日本建築史では、古代と中世は金閣寺と銀閣寺の間で分けられます。つまり、金閣寺は古代建築であり、銀閣寺は中世建築なのです。

建築様式では、寝殿造《しんでんづくり》から書院造《しょいんづくり》に変わっています。金閣寺は寝殿造の最後の輝きなのです。一九五五年に再建された金閣寺は三層構造で三層とも板の間《ま》、つまり禅宗《ぜんしゅう》風の仏間《ぶつま》になっている。平安以来の清涼殿《せいりょうでん》と同じ造りです。いっぽう、銀閣寺の仏間である東求堂同仁斎《とうぐどうどうじんさい》には畳《たたみ》が敷き詰められています。

平安時代の住居は板の間であり、人がいるところだけ畳を置いて暮らしていました。畳は、とても高価なものだったんです。形態としては畳縁《たたみべり》がなく、編んだだけの茣蓙《ござ》のようなもの。移動可能で、畳んで片づけられるから「畳」と呼ばれたのです。それが室町時代になると、京都では畳専門工場のようなものができて、畳が安くたくさん作られるようになった。それで、敷き詰めれば楽だという発想になったのです。片づける必要がありませんから。書院造が広まるきっかけのひとつです。

壺《つぼ》や茶碗などの花材《かざい》は、寝殿造では板張りの間に陳列台を据えて、その上に置いていました。それが書院造になると、陳列台を独立させるようになる。それが床《とこ》の間《ま》であり、違い棚ですね。このように、畳を敷き詰めることによって、生活スタイルや花材の見せ方が大きく変わったわけです。

金閣寺が古代に属しているということは、義満は古代の人です。いっぽう、銀閣寺を造った義政は中世の人であり、新たなモデルを作ったという点で非常に優れた人でした。

**本郷**　なるほど、古代と中世を金閣寺と銀閣寺で分けるという発想は納得できます。金閣寺はけっして派手趣味ではなく、黒漆《くろうるし》を塗った上に金箔《きんぱく》を貼っているので美しい姿になっている。しかも三層全部に金箔を貼ったのではなく、下のほうは黒のままなのです。この見せ方は、まさに美術プロデューサーならではでしょう。

## 京都を好む権力者、嫌う権力者

**門井**　本郷さんは、尊氏は源頼朝の存在を強く意識していたと述べましたが、尊氏が頼朝の再来だとすると、義満は平清盛の再来です。清盛は武家の棟梁であるとともに太政大臣にもなり、大陸との貿易を推進しました。いずれも義満と共通しています。

**本郷**　ご指摘のように、義満は応永元（一三九四）年、征夷大将軍を辞任し、太政大臣に就任しました。太政大臣は朝廷の官職としては最高位です。太政大臣の上に摂政《せっしょう》・関白《かんぱく》がありますが、これらは令外官ですから普通は含めません。

**門井**　頼朝以後、武家の棟梁で太政大臣になったのは義満がはじめて。そして、征夷大将軍と太政大臣の両方に就任したのも義満がはじめてです。まさに鎌倉的価値観（武家）と京都的価値観（公家）の両方を一身に体現していることを示す、わかりやすいデモンストレーションです。

私の見立てでは、武家政権は京都を向いている政権と、京都に背を向ける政権に分かれます。京都を向いている政権は平清盛（太政大臣）、足利義満（太政大臣）、豊臣秀吉（関白）。京都に背を向ける政権は源頼朝（征夷大将軍）、徳川家康（征夷大将軍）です。

**本郷**　尊氏だけは例外で、心中では京都に向いているのに、うじうじして「太政大臣にしろ」とは言えなかった（笑）。

**門井**　尊氏が「どちらかをあげるよ」と言われたら、征夷大将軍と太政大臣のどちらを選んだと思いますか。

**本郷**　幕府を開く前は征夷大将軍しかありません。周囲も「将軍になってください」と言ったでしょう。ただ、そのあとは「太政大臣もいいなあ」と思ったかもしれません。

**門井**　京都志向の権力者は、御所《ごしょ》の西側に建物を造る傾向があります。清盛は厳島《いつくしま》神社（現・広島県廿日市《はつかいち》市）を、義満は金閣寺を、秀吉は大坂城（現・大阪府大阪市）を造りましたが、これらは御所の西に位置しています。

いっぽう、京都に背を向ける権力者は、御所の東側です。頼朝は鶴岡八幡宮に、家康は江戸城（現・東京都千代田《ちよだ》区）にそれぞれ幕府の施設を置いています。偶然と言えば偶然ですが、おもしろい符合だと思います。

**本郷**　京都に背を向ける人たちは、新しく建物を造る・美しい建物を建てるという意識が薄《うす》いようにも感じます。頼朝も家康も元からあった建物を使っています。家康の造る城は大きいけれど、あまり美しくない。美しさよりも、実用的であるか否《いな》かを重視しているのではないでしょうか。

## 「日本国王」を名乗った理由

**本郷**　門井さんは、義満は清盛の再来であると言われましたが、義満と清盛には違いもあります。義満には簡単にできて、清盛にはたぶんできなかったこと、それは儀式への対応です。現代でも、天皇・皇族の行動の多くはプロトコル（儀礼）から成り立っています。だから、宮内庁職員には外務省上がりの人が多いのです。外交儀礼が理解できないと務まらないからです。

清盛は成り上がり者で、父親は公卿《くぎょう》（太政大臣・左大臣・右大臣・大納言・中納言・参議《さんぎ》）にもなっていないわけですから、儀式の経験がほとんどなかった。大臣位に昇進すると、儀式にがっつりかかわらざるをえなくなりますが、付け焼き刃では難しかったと思います。実際、内大臣になってから数カ月で太政大臣に就任。その太政大臣も数カ月で辞任しています。

いっぽう、義満には二条良基《にじょうよしもと》（のちに関白）という家庭教師がついて、若い頃から儀礼を習ったので、儀式をよく知っていました。だから、内大臣、左大臣をそれなりの期間を務めてから、太政大臣になっています。つまり、義満は貴族であり、その一員としてすべきことをきちんとしている。そこが、清盛と決定的に違うところです。

義満は征夷大将軍として武士を家来にして、太政大臣として貴族を家来にした。武家と公家の両方を支配下に置いたのは、武家の棟梁では義満がはじめてです。そして、明との交渉では天皇を差し置いて、「日本国王」を名乗ったわけです。逆に言えば、日本国王を名乗れたのは、武家も貴族も掌握していたからです。

**門井**　清盛は雇《やと》われ社長であり、義満はオーナー社長だったと言えなくもない。

日本のトップは形のうえでは天皇である。でも、朝廷にはすでに政権担当能力がないので、将軍が実質的にトップになるしかない。本郷さんの話を聞いていて、頼朝以来、武家の将軍たちはそれぞれがそれぞれの方法でそのあり方を探ってきたという感を強くしました。そう考えると、義満は朝廷もしくは天皇に対して正攻法で挑《いど》んだ気がします。正面からぶつかって、「おまえたちの上に立ってやるぜ」という迫力がある。

**本郷**　ただし、義満は日本国王を名乗っていながらも、関東・東北は支配下にありません。明徳三（一三九二）年、関東地方を治めていた鎌倉公方に東北地方も任せたからです。

のちの豊臣秀吉は、北海道を除く日本列島全部を支配しました。その意味では、秀吉の権力のほうが強大だったと言うこともできます。

**門井**　義満は日本国王という対外的な名乗りをしましたが、秀吉は国内で「天下人《てんかびと》」と呼ばれましたね。

## 義満は天皇家を乗っ取ろうとしたか

**門井**　「日本国王」という言葉は、あからさまに天皇より上だ、日本一だとは言わないまでも、実質的にそうであることを強く臭《にお》わせる言葉です。いっぽう、秀吉の「天下人」は「天下一」とは言ってないわけですから、微妙と言えば微妙です。日本のトップであることはまちがいないけれども、天皇に配慮した表現のようにも感じます。

しかし、改めて天皇のすごさを感じます。ここまで実権を持っていないのに、潰されないわけですから。

**本郷**　実権を持っていないところに強さがあるかもしれません。第六代将軍の足利義教《よしのり》が日明貿易を復活させようとした時、貴族から「足利将軍が『日本国王』を名乗るのは不遜《ふそん》だ。日本国王は天皇です」という文句が出た。すると、義教の補佐役だった三宝院満済《さんぼういんまんさい》は「国王の上に国主がある。天皇は国主である。足利将軍家は天皇をないがしろにするものではない」と言った（笑）。

やはり天皇が一番上にいるということでしょう。ただ、義教の時はそうでしたが、義満の時は貴族たちも恐れて何も言っていません。

**門井**　権力とはそういうものですね。誰かの発言や行動に対して、「怖くてものが言えない」というのが、権力というものの原点です。

**本郷**　そうなると、義満は本当に天皇家を乗っ取ろうとしたのかという問題になる。かつて、今谷明《いまたにあきら》さん（国際日本文化研究センター名誉教授）は、義満には皇位簒奪《さんだつ》の意図があったとしました。

足利将軍家の儀礼は摂関家並みの扱いでしたが、義満だけは上皇並みの扱いをされた。逆に言えば、義満は上皇並みであることを認められたのだから、それで満足だった。皇位を奪うまでの意図はなかったというのが、現在の多くの研究者の意見です。

どちらの説が正しいかは何とも言えませんが、少なくとも義満が強大な権力を持っていたことはまちがいありません。

**門井**　息子の義嗣《よしつぐ》を親王並みの儀礼で元服させ、いずれ天皇にしようとしたと言われています。

**本郷**　どうなのかなあ。そうなる前に義満は亡くなったから、何とも言えないです。

**門井**　義満が望んだら、天皇になれましたか。

**本郷**　義満があと二〇年生きたら、おそらく耄碌《もうろく》して権力欲を剝《む》き出しにしたかもしれない。その時、「俺を天皇にしろ」と言ったかなあ。逆に、憑《つ》きものが落ちたように好々爺《こうこうや》になっていたか。

**門井**　長生きする期間が一〇年と二〇年で違うような気がします。一〇年だったら支配がより強固になって、室町幕府はより長持ちするという筋書きもありうる。二〇年だったら、それこそ耄碌して朝鮮出兵とかやりそうな感じがしなくもない。

**本郷**　鎌倉時代に北条氏が将軍になったら、関東の在地領主たちにボコボコにされる可能性があったと思います。では、足利氏が天皇になったらどうか。

足利氏の一族や家来は、将軍の言うことを聞くでしょう。そうであれば、天皇になることを歓迎するかもしれない。では、足利系ではない守護大名たちはどうか。赤松氏、土岐氏、山名氏、大内氏などは反発したか、あるいはそれを政争の具としたか。もしかすると、応仁《おうにん》の乱が前倒しで起こった可能性はありますねえ。

**門井**　天皇家を乗っ取るにはデメリットも大きいですね。足利氏以外の強力な勢力が現われて足利氏＝天皇家を乗っ取ろうとした時に、それをはねつける理由がありません。いわゆる易姓《えきせい》革命です。

**本郷**　門井さんが言われたのと同じことを、室町時代の貴族が言っています。第六代将軍・義教がまだ征夷大将軍の宣下が行なわれていない時点で、「自分は足利氏の正統な後継者だから、政治を行なう資格がある」と主張しました。

それに対して、貴族の万里小路時房《までのこうじときふさ》は「将軍にならずに政治をしてはいけません。征夷大将軍になってからすべきです」と反論した。その理由は、征夷大将軍にならずに政治を始めたら、強い奴が出てきた時にその人を否定するロジックを失うからです。

**門井**　まさにそうですね。

## 日本に易姓革命が起こらなかった理由

**門井**　日本では結局、中国のような易姓革命は起きませんでした。これをどのように考えますか。

**本郷**　易姓革命では、最後に勝ち残った者が天命を得たとして、トップの座に就《つ》く。誰も文句が言えない状態になって、はじめて戦いが終わるわけです。日本人はこのような世界を好みませんし、やりたがらない。鎌倉初期、北条氏は御家人たちとの間に血で血を洗う権力闘争を繰り広げましたが、北条泰時の時にやめています。

そう見てくると、日本人は闘争を繰り返すだけのガッツがないのではないか。そうであれば、義満も天皇家を乗っ取ろうとしなかった可能性が高いように思います。

**門井**　藤原氏も摂関政治で天皇家をないがしろにして権力を行使しましたが、天皇家を乗っ取ろうとはしませんでした。藤原氏の権力の源泉は天皇家との姻戚関係ですが、義満も妻（継室《けいしつ》）の日野康子《ひのやすこ》を後小松天皇の准母《じゅんぼ》（天皇の生母《せいぼ》と同等の地位を与えられた女性）にするなど、天皇家との結びつきを深めています。

**本郷**　日本の神話では、天照大神《あまてらすおおみかみ》の孫・邇邇芸命《ににぎのみこと》が天から地上に降りてきた。その子孫が神武《じんむ》天皇であるとされています。そして、邇邇芸命の先導役をした天児屋命《あめのこやねのみこと》の子孫であると主張したのが藤原氏です。

つまり、藤原氏は天皇家を助ける役目を持ち、それが朝廷のなかで重要な地位を占める根拠になっている。逆に言えば、天皇家の補佐役である藤原氏が天皇家を滅ぼすことはできないというのが、古代史研究者の考え方です。

しかし、中世史研究者は、神話は作り変えることができると考える。藤原氏がトップに立てば、それまでの神話を破却し、藤原氏を起源とする新たな神話を作ったでしょう。ですから、ポイントは、藤原氏に天皇家を乗っ取るだけのガッツがあったかどうかです。日本史全体を見る限り、日本人にはどうもそれだけのガッツはなさそうです。肉食系ではなく、草食系です。

**門井**　ヨーロッパのように、王朝がころころ替わる歴史を見ると驚きますね。

**本郷**　ヨーロッパは王朝を滅ぼしてしまうので、肉食なのです。日本はそこまでやらない。日本社会で世襲が強いのも、そのあたりに原因がありそうです（本郷和人著『世襲の日本史』）。

**門井**　ヨーロッパや中国に比べて、異民族や隣国からのプレッシャーが大きくなかったこともあると思います。つまり、このままでは外国に占領・支配されてしまうから、より強い王朝に替えようという状態にはなかったし、替える必要もなかった。島国ですから。

**本郷**　替えないでも何とかなったのです。リーダーシップに関するフランスのテレビ番組を観たことがあるのですが、海賊船が取り上げられていました。

海が荒れた時、リーダーである船長が「あっちに行くぞ」と決断して合理的な指示を出さないと、船が沈んでしまう。あるいは、襲撃する時に勝てる戦いをしないと殺されてしまう。だから、リーダーを決める基準は、一にも二にも能力です。能力の高い者を選ばないと、生き残れませんから。

**門井**　家柄や血筋は関係ない、と。

**本郷**　十一～十二世紀、モンゴル族を統一し、モンゴル帝国を建設したチンギス・ハンが好例です。モンゴル族は、過酷な環境下で生活していました。冬にはどこにゲルを造るか、いつ移動するかなど決断をまちがえると、生き残れない。だから、遊牧民のリーダーも能力で選ばれます。そこに議論の余地はありません。

ところが、日本は温暖な気候のもとで農耕を行ない、外国からの脅威にさらされることは少なかった。だから、能力がリーダーの必須条件ではなかった。むしろ、国内の利害調整が重視された。これは、基本的に今も変わっていないように思います。

**門井**　確かに、凶作だからと言ってリーダーを替えようという話にはなりませんね。神様の意志だからしょうがない（笑）。やはり草食系なのかなあ。

## 将軍ではなく室町殿

**門井**　私たちが持っている天下を治める将軍のイメージは義満の時に完成し、その後はイメージの再生産に入ったように思います。

具体的には武家出身であり、軍事力を背景にしながらも、文治《ぶんち》政治を行なう統治者です。それが、義満の時に完成した。義満以降、将軍という言葉から坂上田村麻呂を思い浮かべることはなくなりましたから。

イメージの再生産を行なったのは第八代将軍・義政です。義政は毎年、金閣寺に行っています。たとえば、秋には紅葉を見るという口実で行く。そして、最終的には銀閣寺を造りました。それは政治権力とは直接関係ないかもしれませんが、その行為によって、将軍とは世の中を文治的に治めるものだというイメージが定着し、四〇〇年後の最後の将軍・

徳川慶喜にまで連なっているように思うのです。

**本郷**　義政が造った銀閣寺は、粋《すい》を集めた生活空間ととらえることもできます。生活空間は庶民を念頭に置いたものですから、義政は庶民文化の先頭に立ったとも言える。義政は政治・経済・軍事では評価されませんでしたが、庶民を視野に入れたという点では評価されてもいい。

義政こそ、武家の棟梁である将軍が政治家としての将軍に変質していく最初の将軍になるのかもしれません。つまり、将軍の役割が軍事指揮官から政治家に移行した。あるいは、軍事よりも政治の比重が大きくなった（225ページの図）。

**門井**　なるほど、政治家になったというのはわかりやすい。ただし、ひとつ問題があるのは、室町幕府には将軍が空位である期間があったことです。それも、けっこう頻繁《ひんぱん》に。

いっぽう、江戸幕府では将軍が亡くなった日をずらしてまで、空位期間を作らないようにしています。それだけ、政治に対する意識が高かったとも言えますし、本郷さんが言われるように、将軍の役割がさらに政治にかたむいたのかもしれません。

**本郷**　室町時代、将軍は「室町殿《むろまちどの》」とも呼ばれました。この室町殿については、歴史研究者によって意見が分かれています。将軍権力が天皇の権力を内包して室町殿の王権ができたという人と、天皇権力と将軍権力が融合して室町殿の王権になったという人がいます。後者は天皇権力を強く意識した見方です。

このように、天皇と将軍のバランスについては議論があるわけですが、少なくとも両者が合体して室町政権ができ、そのトップに君臨するのが室町殿であることはまちがいない。そして、室町殿を対外的に見れば、日本国王になる。その意味では、実質的な統治行為を行なっていたのは、将軍ではなく室町殿であるとも言えます。

## 武家はじめての大御所政治

**門井**　義満は、応永元（一三九四）年に征夷大将軍を辞職しています。義満が早めに引退したことは、室町幕府を存続させるうえで大きかったのではないですか。

**本郷**　そう言われてみれば、武家で大御所政治を行なったのは義満がはじめてです。一般に「大御所政治」とは、将軍職を子の秀忠に譲った徳川家康が行なった政治を指しますが、義満も将軍を子の義持に譲ってからは「大御所」と尊称され、政治の実権を離しませんでした。

**門井**　平清盛は病気になったために出家しましたが、義満には健康問題があったわけではありません。自ら退位を選び、その退位を武器にして権力基盤を固めた。これも、義満の功績だと思います。

**本郷**　その意味では、義満の時点で、将軍は権力のひとつの指標になったように思います。将軍を退いてなお権力を維持したということは、義満という個人に権力が付随していた。将軍ではない義満が、将軍を超える権力を持っていたということです。

足利尊氏は「征夷大将軍に任命してくれ」と頼んだけれども、後醍醐天皇が許さなかった。ということは、尊氏の時点では征夷大将軍になることには意味があったわけです。それは幕府（政権）を開くために必要だったからです。

しかし、生まれながらの将軍である義満は、将軍位を世襲で得た。そして、その地位を退き、将軍の地位など大したものではないことを示してしまった。

**門井**　この時点で、義満は尊氏を超えています。その意味では、権力のイスとしての征夷大将軍が、ここで完成したと言えるかもしれません。逆に言えば、将軍という地位が単なるイスにすぎないことを内外にはっきり示した。尊氏の在職（一三三八～一三五八年）から半世紀も経っていませんから、すごいことです。

**本郷**　以降は、一気に将軍のパワーレス化が進みました。のちには、将軍後継者が複数出るなど、跡継ぎの存在すら危うくなりました。そうなると、征夷大将軍に任命されたほうが正統であるように見えるけれども、その将軍という地位ですら力を失う時代、すなわち戦国時代が到来するわけです。

# 第五章 織田信長と豊臣秀吉

## ——将軍権威を必要としなかった覇者

## 信長は足利将軍をどのように見ていたか

**本郷**　織田信長（一五三四～一五八二年）と豊臣秀吉（一五三七～一五九八年）は征夷大将軍に就任していませんが、この二人を通すことで将軍の本質が見えてくるので、あえて取り上げたいと思います。

信長は尾張《おわり》国（現・愛知県西部）の戦国大名・織田信秀《のぶひで》の子として生まれ、家督を継ぎました。もともと尾張国を治めていたのは守護大名の斯波《しば》氏であり、織田氏はその守護代《しゅごだい》(在国しない守護大名の代わりに行政を司る）を務めた一族です。この守護代には、織田伊勢《いせの》守《かみ》家と織田大和守《やまとのかみ》家の二家があり、大和守家の三奉行のうちのひとつ織田弾正忠《だんじょうのちゅう》家が、信長のルーツです。

このように、信長はこれまで登場した将軍たちに比べ、家柄はかなり低いものでした。源氏どころか、桓武《かんむ》平氏を名乗っていましたし、「藤原信長」と署名したこともあります。もしかすると、信長は日本の歴史をあまりわかっていなかったのかもしれません。

**門井**　信長の平氏の名乗りは、源氏と平氏が交互に天下を取る、いわゆる「源平交代思想」を意識していたのだと言われることがありますね。つまり、平清盛（平氏）→源頼朝

（源氏）→北条氏（平氏）→足利氏（源氏）と来て、次は平氏である俺の番だと。

**本郷**　どうかなあ。ただ室町後期から、そのような話が流布《るふ》されていたようではありま す。それだけ、足利将軍がパワーレスだったのでしょう。

その足利将軍の最後尾となる足利義昭《よしあき》を奉戴《ほうたい》して、信長は上洛します。永禄《えいろく》十一（一五六八）年のことです。これにより、義昭は第十五代将軍の宣下を受けることができました。かつての信長研究では、この上洛が大義名分に関連づけて論じられていました。将軍になれる義昭を担いでいるから、信長の行動に正統性が生まれたと考えるわけですが、その後、異論が唱えられるのです。

たとえば、以前は、今川義元《いまがわよしもと》も武田信玄《たけだしんげん》も京都に旗を立てようとしたが、信長が先んじたとされていましたが、現在、今川義元が上洛しようと考えていたと主張する研究者はほとんどいません。武田信玄についても、信長と一戦交《まじ》えたにせよ、上洛までは考えていなかったという見方が出てきて、信長が義昭を担いで上洛という従来の説が崩れたわけです。ところが、その後さらに変わりました。

**門井**　ほお、どのように変わったのですか。

**本郷**　信長が唱えた「天下布武《てんかふぶ》」の「天下」とは日本全国ではなく、近畿地方あるいは京都周辺に限定されていたと解釈するのが、現在は優勢になっています。三好長慶《みよしながよし》と同様に京都周辺に政治的な秩序を打ち立てるのが、信長の狙《ねら》いだったと。そうなると、信長は足利将軍家を重視していたということになります。

**門井** つまり、室町幕府はそれなりの権威・権力を持ち、信長はそれを無視できなかったというとらえ方ですね。

**本郷** そうです。そして、信長が将軍義昭を京都から追放した時点で、信長が「上様《うえさま》」となり、そこから織田政権が始まるという昔ながらの解釈が現在、復活しています。

**門井** 「天下布武」の「天下」は畿内周辺に限定されるという考えですが、私たちが「天下を取ってやる」と言う時の「天下」は、日本の首相を目指すということではなく、各業界のトップを意味することが多いですね。「天下」という言葉は、案外伸び縮《ちぢ》みしやすい言葉だと思います。

## 「天下」は畿内か、全国か

**本郷** さきほど述べたのは学会の主流的な考え方であり、私はそこまでガチガチに考える必要はないと思っています。信長が目指したのは畿内の秩序回復であり、「天下」は日本全国を指すものではないという見方は、あまりにも視野が狭いのではないか。

そう考える理由が二つあります。ひとつが、信長が上洛して義昭を征夷大将軍にしたあと、最初に行なった軍事行動が越前攻め（朝倉義景《あさくらよしかげ》討伐）だったことです。まだ京都周辺には、畠山《はたけやま》氏や細川《ほそかわ》氏、三好《みよし》氏ら反足利勢力が残っていました。畿内の秩序回復が目的なら、彼らを討伐したはずですが、そちらに手をつけることなく越前に侵攻しています。

もうひとつが、丹波です。室町後期の細川氏は、京都の後背地である丹波をがっちり握ることで京都を軍事的に制圧する、という方法論を持っていました。信長が京都を何より大切に思うなら丹波を早く手に入れそうなものですが、ご存じのように、明智光秀に丹波攻略を命じるのはけっこうあと（一五七五年）のことです。

ということは、信長にとって「天下」とは、京都でも畿内でもなく全国だった。義昭に頼まれて上洛したけれども、信長にすれば、経済的な理由が大きかったと思うのです。

**門井**　唐突ですが、天下布武の「天下」を、ローマ帝国の「ローマ」に置き換えて考えてみます。ローマ帝国の最盛期には、現在のイタリアを中心としたヨーロッパから中東やアフリカの一部までが「ローマ」でした。それが東西に分裂し、末期になると皇帝が支配していたのは、現在の一都市としての「ローマ」周辺だけでした。これは、「天下」という言葉の伸び縮みにそっくりです。信長が上洛した頃、将軍の威令は畿内にしか届いていませんでした。

**本郷**　ローマと比べることは思いつかなかったなあ。確かに符合していますね。ローマ帝国の全盛期、皇帝は権威と権力の象徴であり、支配地域から莫大な富《とみ》がもたらされた。しかし、やがて帝位がお金で買われるようになり、「俺が皇帝だ」と言えば皇帝になれた軍人皇帝時代を経て、皇帝の存在感は失われます。皇帝の権威や帝国の権力が失われると、実効支配ができなくなる。その範囲はどんどん狭《せば》まり、最後はローマ周辺に限定された。

室町幕府も、尊氏の時はまがりなりにも日本列島全体を統治の対象にしていました。しかし、義満の頃には関東・東北地方を切り離し、やがて幕府が税金を徴収できるのは京都周辺になってしまいました。

**門井**　信長が義昭を奉じて上洛するまで、京都周辺は文字通り、三好氏や松永《まつなが》氏の「天下」でした。だからと言って、彼らが将軍になろうとしたか、それを周囲が容認したかというと、そのようなことはありませんでした。

京都に旗を立てれば＝畿内を押さえれば、全国に号令できると信じていたのは足利氏だけだったのではないでしょうか。その点でも、義昭は認識が甘い（笑）。

**本郷**　信長が天下布武を唱えたのは永禄十（一五六七）年、稲葉山《いなばやま》城の戦い（現・岐阜県岐阜市）で斎藤竜興《さいとうたつおき》を破り、美濃《みの》（現・岐阜県）を平定後のことです。ここで信長は、当時「井口《いのくち》」と呼ばれていた同地を、「岐阜」という名前に変えています。

この改名には諸説ありますが、そのひとつが中国の故事――紀元前十一～三世紀の周《しゅう》王朝の始祖・文王《ぶんのう》は岐山《きざん》から立ち上がって殷《いん》を滅ぼし周を興《おこ》した――に倣《なら》ったとするものです。つまり、自分を文王になぞらえ、岐山の「岐」を採用した。ちなみに「阜」は岐山のような、小高い丘や山を表わしています。ということは、信長はやはり天下統一を目指していたのだろうと思います。ちなみに、安土《あづち》城（現・滋賀県近江八幡《おうみはちまん》市）の安土は「平安楽土」からつけています。

**門井**　文王から持ってきたということは、「俺こそが歴史の始まりだ」という意識だったのでしょうね。地名を変えてしまうのもすごい。朝廷以外が地名を作る、あるいは朝廷の許可を得ずに変えるということは、あまり例がないのではありませんか。

**本郷**　そうですね。信長は地名だけでなく、元号《げんごう》も変えさせています。元亀《げんき》が嫌いだったようで、朝廷に言って、天正《てんしょう》に変えさせたのです。

## 将軍のいるところが幕府ではない⁉

**門井**　応仁の乱（一四六七〜一四七七年）以降、足利将軍は京都にいないことが多かったですが、みんな京都に戻ることを望んでいました。やはり、将軍の居所は京都であるという意識が強かったんですね。

**本郷**　足利将軍流浪《るろう》の歴史は、第九代・義尚《よしひさ》から始まります。義尚は六角《ろっかく》氏征伐に出かけ、近江《おうみ》国（現・滋賀県）で病没しました。第十代・義稙《よしたね》は将軍就任後に細川政元《まさもと》と対立して京都を出ますが、戻ってきて再就任。しかし、今度は細川高国《たかくに》と対立して出奔《しゅっぽん》。淡路《あわじ》島（現・兵庫県の淡路市、洲本《すもと》市、南《みなみ》あわじ市）、阿波《あわ》国（現・徳島県）と移ったので「流れ公方」「島公方」と呼ばれました。このネーミングには嘲笑《ちょうしょう》が入っているなあ（笑）。

第十一代・義澄《よしずみ》、第十二代・義晴《よしはる》、第十三代・義輝《よしてる》はいずれも近江国に亡命しています。第十四代・義栄《よしひで》などは将軍宣下を受けるも入京できず、摂津国富田《とんだ》にとどまったので「富田公方」などと呼ばれました。そして第十五代・義昭は一五七三（天正元）年、信長によって京都を追放され、ここに室町幕府が滅亡するのです。

やはり、室町幕府は京都政権であり、京都になければ政権とは見なされなかったのでしょう。ですから、将軍の居所が幕府である――はまちがいではありませんが、その内実を見るべきだと思うのです。

たとえば、第十二代・義晴は亡命中に桑実寺《くわのみでら》（現・滋賀県近江八幡市）にいたので、これを「桑実寺幕府」と言う研究者がいます。今谷明さんは、第十一代・義澄の子である義《よし》維《つな》が和泉国堺で政務を執《と》ったとして「堺幕府」と呼びました。また、追放後の義昭が鞆《とも》（現・広島県福山《ふくやま》市鞆町）にいたので、「鞆幕府」という言い方をする研究者もいます。

　しかし、これらを権力機構としての政権として見ることは難しいと思います。将軍が京都にいて、「討伐せよ」という命令が効力を発揮していたのは、第六代・義教《よしのり》あたりまで。義尚などは自分で出かけていったけど、六角氏すら倒せないという情けない状況でした。

**門井**　将軍自ら出向くというのは、それこそ坂上田村麻呂に戻るようなものです。源頼朝は、挙兵時は別として鎌倉に入ってからは、そこから指示を出していました。

**本郷**　足利尊氏も鎌倉に行ったり、九州に行ったりしていますよ。

**門井**　そうか。創業者は軍事指揮官の役割が大きいから、東奔西走するのですね。室町将軍が右往左往するようになったのは、やはり応仁の乱で京都が荒廃したからですかね。

**本郷**　応仁の乱が大きな要因だと思います。尊氏の頃は、将軍になること自体が大きな意味を持っていたわけですが、応仁の乱以降は、将軍になってもあまり意味をなさなくなった。権力のない将軍などいらないということです。下剋上《げこくじょう》の世の中とは、そういうものでしょう。

## 信長はなぜ義昭を殺さなかったのか

**門井**　義昭は追放後も生きており、慶長二（一五九七）年に亡くなりました。この義昭が生きていたということが、ポイントです。つまり、信長や秀吉が征夷大将軍にならなかった理由のひとつとして、元将軍が生きてこの世にいるということがあったのではないか。少なくとも、将軍就任を避ける心理的要因になりうると思います。

頼朝が征夷大将軍をもらったのは、坂上田村麻呂が成功して縁起がいい役職だったからとすれば、パワーレスで追放された役職など縁起が悪いこと、このうえない（笑）。

なぜ、信長は義昭を追放にとどめて殺さなかったのでしょうか。三好氏と松永氏は第十三代・義輝を殺しています。

**本郷**　信長が義昭を生かしたのは必然と考える研究者や、義昭の権威を高く評価する研究者もいます。いっぽう、義昭を殺す必要性がなかったとする研究者もいます。こちらは義昭に権力がないことを重視しています。

信長は、義昭を殺すと面倒になると考えたのかもしれません。逆に言えば、義昭には面倒くさいと思われるだけの存在感というか、ポテンシャルはあったのでしょう。

**門井**　確かに、室町末期の将軍には行動力がありました。地方に亡命しても、京都に戻ることをあきらめた人はいない。義昭などは、諸大名へ信長包囲網を呼びかけています。彼らの人間的行動力は買ってもいいかもしれません。

**本郷**　将軍たちがあきらめなかったひとつの理由として、京都に帰ることが実質的に〝おいしい〟という考え方があります。もうひとつは、自らの根拠地あるいは故郷に戻りたいという帰巣本能のようなものです。

このうち、最初の理由は考えにくい。なぜなら、応仁の乱や三好氏・松永氏の抗争で京都が荒廃していたからです。なかには、地方に土着して戦国大名化した貴族もいました。土佐国《とさ》（現・高知県）の一条氏《いちじょう》、伊予国《いよ》（現・愛媛県）の西園寺氏《さいおんじ》などがそうです。そうだとすると、やはり帰巣本能のような気がします。それだけ、将軍が貴族化していたのかもしれません。

**門井**　「俺は、京都に戻って将軍宣下を受ける。将軍になったら、おまえたちを悪いようにはしない。だから、それまでは俺をここに置いてくれ」と、地方の大名の保護を受けるための口実にはなりますね。なかなか「助けてくれ」とは言いにくいですから。「京都に戻る」というのは、いい大義名分になったのではないでしょうか。

**本郷**　京都の魔力もあると思います。

## 戦国時代における将軍の価値

**本郷**　武田信玄に仕えた重臣であり、武田四天王のひとりに馬場信春《ばばのぶはる》がいます。信春はもともと教来石景政《きょうらいしかげまさ》という名前でしたが、武功が認められて、名門・馬場氏の名跡を継ぎました。その後も武功を重ねた信春は、信玄から美濃守《みののかみ》の名乗りを許されます。

この美濃守は、朝廷から任命された正式な官職ではなく、武田家で武名の高かった原《はら》美濃守虎胤《とらたね》の名を受け継いだものです。虎胤は「鬼美濃」と恐れられた猛将で、それにあやかろうとしたわけです。少なくとも武田家では、信春以外に美濃守を名乗る者はいませんでしたし、二人の美濃守が存在したこともありません。

これは、永原慶二《ながはらけいじ》さん（一橋大学名誉教授、故人）が言うところの大名国家、つまり大名の領国がひとつの国になっていることを示すひとつの事例です。そう考えると、戦国時代には、朝廷が任命する征夷大将軍もあまり意味をなさなかったことが推測できます。

**門井**　信長の上総介《かずさのすけ》も同様ですか。

**本郷**　そうです。朝廷からもらった官職ではなく、自分で名乗っているだけです。ただし羽柴《はしば》時代の秀吉が名乗った筑前守《ちくぜんのかみ》は、信長が朝廷に奏請してもらった正式なものです。とはいえ、筑前国（現・福岡県北西部）の国司とは名ばかりで、何の権限もありません。そこを実効支配していなければ、ただの名前にすぎません。まあ、名誉にはなるかなあ。

それは、受け取る人間しだいではありますが。

**門井**　ということは、征夷大将軍にしても朝廷からもらっただけではだめで、実力がともなわないと、単なる名誉職にすぎないですね。

**本郷**　たとえば会社の課長になったら、それにともなう権限と義務が付随して、報酬も上がります。しかし、この時代は征夷大将軍の地位に就《つ》いても何もないわけです。むしろ、その内実を自分で作っていかなければならない。その労力を考えたら、別に征夷大将軍にならなくてもいいや、と信長は思ったのかもしれません。あるいは、それよりも実効支配を広げる・進めることを優先したのではないでしょうか。

## 信長を小説に書くなら

**門井**　イギリスのミステリー作家R・D・ウィングフィールドの作品に、「フロスト警部」を主人公とした人気シリーズがあります。これが、独特の形式を取っているのです。

フロスト警部が勤めるデントン署の管轄地域は治安の悪いところで、A地区で殺人事件、B地区で窃盗、C地区では轢《れき》死体が発見されるというように、凶悪事件が同時多発的に起こる。従来の小説では、これらをひとつひとつ順番に追っていくのですが、ウィングフィールドの小説はまったく異なります。

フロスト警部はまずA地区に行って死体を見て、B地区で被害者から話を聞き、C地区で実況見分をする。そしてA地区に戻り、すぐにC地区に行く。次々に現場を移り、その順序もばらばら。いくつもの筋が最後に滔々《とうとう》たる大河となって物語が大団円を迎えるのかと思いきや、そうでもない。個別に解決して、個別に事件が終わっていく。

これは「モジュラー型小説」と言われますが、読んでいて感じるのは、とにかくフロスト警部が忙しいということです。主人公が駆けずり回っていることが印象的です。

私が織田信長を小説に書くのなら、このモジュラー型でやるかもしれません。

**本郷** 確かにそうかもしれません。私たちは後世から見ているから、信長は大きな方針を持ってまっしぐらに進んでいると考えがちですが、実際の信長はもぐら叩きをするかのように、次々に起きる事象に対処していました。たとえば、天正三(一五七五)年四月からの一年間を見てみましょう。

一五七五年
四月　高屋城《たかや》の戦いで三好康長《やすなが》を破る
五月　長篠《ながしの》合戦で武田勝頼《かつより》を破る
八月　越前の一向一揆《いっこういっき》(殲滅《せんめつ》戦)
九月　越前・加賀《かが》に柴田勝家《しばたかついえ》を派遣
　　　丹波に明智光秀を派遣
十一月　権大納言叙任、右近衛大将兼任
　　　家督を嫡男・信忠《のぶただ》に譲る

一五七六年
二月　安土城の築城開始
四月　石山本願寺《いしやまほんがんじ》攻撃軍を派遣

これらは事象だけですので、実際にはそれぞれ準備や移動がともないますから、相当に忙しい。信長の家臣団には、バブルの頃のCMのコピー「二四時間戦えますか」が、求められたでしょうね。

信長は次から次にやってくる難局に対処し、それを乗り越えているうちに気づいたらけっこういい感じになっていたというのが実情かもしれません。

**門井**　織田政権には、豊臣秀吉という後継者がいます。私たちは、信長は天下取りまであと一歩だったという感じを持ちますが、実際には、もっと距離があったのかもしれません。信長が本能寺《ほんのうじ》（現・京都府京都市）で討たれ、秀吉が伝説的な中国大返しを行なったことによって一気に天下統一に近づいたようにも思います。

## 信長に似ている現代人を挙げると

**門井**　これまで小説で描かれてきた信長は狂気の人であり、合理主義者です。考えてみれば、これほど変な話もない。狂気と合理主義は矛盾する。とはいえ、小説とはありがたいもので、矛盾は矛盾で成立はする。司馬遼太郎さんの『国盗り物語』はその成功例です。『国盗り物語』では、安土城の築城は数行しか触れられていませんし、楽市《らくいち》・楽座《らくざ》も教科書程度の記述にとどまっています。ほとんどが戦争史と人間関係で埋め尽くされている。もちろん小説はすべてを描くことは不可能ですから、何を選ぶかが問題なのですが、司馬遼太郎さんが巧《うま》いのは戦争史に絞ったことです。狂気かつ合理主義者が大きいことをするとなったら、戦争が一番わかりやすいわけです。

現代人で信長的な人がいれば、さまざまなことを考えるきっかけになるので、どこかにいないかなと考えたことがあります。私が思い浮かんだのが、アップルの共同設立者であるスティーブ・ジョブズです。

**本郷**　入山章栄《いりやまあきえ》さん（早稲田大学大学院教授）と、信長を経営学と歴史学で解析したらどうなるかという話をしたことがあるのですが、入山さんも、信長を経営学的に語るとスティーブ・ジョブズになると言っていました。天上天下唯我独尊《てんじょうてんがゆいがどくそん》で、ぶち切れやすいところもそっくりだと（笑）。

**門井**　ジョブズの父親はエンジニアで、ジョブズも子どもの頃から機械いじりをして育ちました。大人になって、数十台のコンピュータの製造を依頼された時に、ひとりでハンダづけをしていたら間に合わないので、家族や友人を集めた。その時の仲間のひとりが、共同設立者のひとりスティーブ・ウォズニアックです。

逆に言うと、「無理です」と依頼を断ることはしなかった。そこから、狂ったように働く人生が始まるわけです。アップルを立ち上げますが、あらゆることを自分で決めて周囲の反論を許さないので、ウォズニアック以外の人たちは離れていきます。やがて自分も去らざるをえなくなりましたが、復帰。馬車馬のように働いて、アップルを世界的な企業に成長させました。

ジョブズと信長はまったく同じとは言いませんが、信長的な人格を考えるうえで、いい補助線になると思います。既存の産業ではなく、新たに興《おこ》った、成長いちじるしく、また変化も激しいＩＴ業界という、特殊な世界を想定しなければ、狂気かつ合理主義で大きなことを成し遂げるというのは、なかなか想像しづらいのです。

戦争以外にも、領国経営の天才であるなど、さまざまな信長像がありえると思うのですが、これから信長を描こうとする小説家たちが必ずぶつかる問題だと思います。

**本郷**　徳川家康が人間的な器《うつわ》が大きかったと評されるのに対して、信長のそれが評されることはあまりない。人間性は経験値が積み重なることによって大きくなっていくものであって、晩年の家康は、若い頃よりも熟成されているように感じます。では、信長が年齢を重ねたら熟成されたかというと、そうも思えない。

**門井**　家康のように七〇過ぎまで生きていたら、どうでしょう。

**本郷**　あまり変わらないでしょうね。キレやすいおじいさんになったのではないでしょうか。認知症も加わって、手がつけられない状態だったりして。

## 三職推任《さんしきすいにん》問題

**本郷**　天正十（一五八二）年五月、信長のところに朝廷から使いが来て、「官職を授けるから好きなものを選ぶように」と三つの職（太政大臣・関白・征夷大将軍）を示しました。信長はすぐには返答しませんでした。そして、その一カ月後に本能寺の変が起こり、信長は自害してしまうのです。もし信長が生きていたら三つの職のうちどれを選んだか。これが三職推任問題です。

たとえば、近世史研究のボスとも言える朝尾直弘《あさおなおひろ》さん（京都大学名誉教授）は、信長はすでに神になろうとしていたから、三職など眼中になかったとしました。

信長は安土城内の摠見寺《そうけんじ》に「盆山《ぼんさん》」と名づけた石を置き、「これは御神体だ。俺だと思って拝め」と命じました。それをもって、朝尾さんは、信長は神になろうとしていたと考えたわけです。そうだとすると、天皇も超えた存在ということになります。

最近は、信長は三職のうちどれかを受けようとしており、なかでも征夷大将軍になろうとしていたという意見が主流です。天皇や朝廷の力を高く評価するのが、最近の研究者の傾向であり、特に四十代以下の研究者に多く見られます。ただ、問題は、朝尾さんの説を否定することなく、主張していることです。

**門井**　朝廷からの申し出ということは、要するに「これをあげるから保護してくれ」と言っているわけでしょうが、この三職だと、いきなり最重要カードを切っている。

**本郷**　信長に首輪をつけるということです。官職にまったく関心を持たない覇者がうろうろしていたら、怖い。だから、最高権力者としてふるまってかまわないから、天皇や貴族を保護してくれということです。

**門井**　一種の営業活動ですが、足利将軍と朝廷の関係もそうだったのですか。

**本郷**　そうだと思います。

**門井**　太政大臣と征夷大将軍は前例がありますが、当時、武家が関白になるというのは前例がないですね。それどころか、のちの豊臣秀吉・秀次《ひでつぐ》を除いて、歴史上、関白はすべて藤原氏が独占しています。

**本郷**　私は、「力」の信奉者であり、プラグマティックな信長は受けた・受けないにかかわらず、三職に興味はなかったと考えています。

## 信長は朝廷を滅ぼしたか

**本郷**　戦国史研究者の主流派は現在、信長は〝普通の〟武将であるとの見方を取っています。他の戦国大名と大して変わらない、もしくは他の戦国大名に〝ちょっと毛の生えた程度〟と考える。

しかし、私に言わせれば、どう考えても信長は普通ではない。門井さんは狂気の人かつ合理主義者と言いましたが、普通の人に延暦寺焼き打ち（一五七一年）はできません。八〇〇年の伝統がある聖地を一夜にして灰燼《かいじん》にするなど、想像もできない。信長は、この襲撃で四〇〇〇人の僧侶を殺害していますが、現在の東京大学の教授・准教授・助教をすべて合わせた人数とほぼ同じです。

**門井**　いわば、東大焼き打ち事件ですね。当時、僧侶は知識階級であり、特に延暦寺には最高レベルの知識人が集まっていました。もっとも、信長が憎んだのは彼らではなく、僧兵だったと思いますが。

**本郷**　信長は、伊勢長島《いせながしま》の一向一揆（一五七〇〜一五七四年）では「根切り《ねき》」と称して二万人を殺害しています。これも、普通の人にはできないでしょう。

信長は宣教師からヨーロッパの歴史を聞いていた。ヨーロッパや中国では王朝交替がしばしばあり、岐阜への改名をしたくらいだから、中国には易姓革命があることを知っていた可能性が高い。そうであれば、自分が天皇になってもいいという発想になってもおかしくない。

その意味では、日本の歴史のなかでもっとも朝廷の存在が危うくなったのは、信長が覇者だった時期だと思います。

**門井**　ただ、信長が天皇家を滅ぼそうとしても他の日本人が許さず、謀反を起こされたのではないでしょうか。つまり、明智光秀がやらなくても、誰かがやっていた。

**本郷**　確かに、そうかもしれません。このあたりは想像になってしまいますが。それから、信長をフォローするわけではありませんが、延暦寺や一向宗に対する厳しい対応は、日本の宗教から牙《きば》を抜き、政治にかかわらせなくしました。この政教分離こそが、信長が日本史を変えた最大の功績だと思います。

## もし信長が安土城で死んでいたら

**門井**　信長が自害したのが本能寺（京都）ではなく、安土城（近江国）だったらどうなったか——と考えたことがあります。もし安土城だったら、豊臣秀吉が中国大返しで戻り、同じように明智光秀を討ったとしても、ストレートに「後継者は秀吉」とはならなかったのではないか。

というのも、秀吉が安土城で光秀を討ったとしたら、信長政権は地方政権というイメージを与えるからです。つまり、本拠地（権力者の居所）が京都にないことがマイナスに作用するわけです。もちろん、城ではなく寺だからこそ、謀反が成功したのかもしれません し、そもそも信長が安土城にいたら、光秀も計画を断念していたかもしれません。

**本郷**　信長が安土城にいたら、光秀が討つのは無理だったと考える読者も多いと思います が、実は、信長の城は「見せ城」かもしれないのです。安土城の場合、入口には自らの権力を見せつけるような巨大な石があり、大手門を入ると本丸まで一直線の道が続いて、来城者を威圧する視覚効果になっています。防御を考えたら、一直線には絶対にしないでしょう。

また、岐阜城（安土城に移る前の信長の居城。現・岐阜県岐阜市）などは関《せき》ヶ原《はら》の戦いの前哨戦で、わずか一日で落ちています。ですから、信長が造った城は、自分の権威を見せつけるための城なのです。安土城も攻め上手の武将の手にかかれば、一日で落城するかもしれません。

**門井**　安土城には天守閣があり、信長はそこに住んでいました。天守閣ほど、視覚的に権威を表わしたものはありません。信長以後、大名たちも天守閣を造るようになりますが、そこには居住しませんでした。あんなに高くて、雷《かみなり》も落ちる場所が実用的であろうはずがない。江戸時代になると、藩主たちは平べったい御殿を造り、そこに住んでいます。

**本郷**　いっぽう、秀吉が造った大坂城は、慶長十九（一六一四）年の大坂冬の陣において徳川家康が大軍勢で囲んでも落ちませんでした。

**門井**　信長は清洲《きよす》城（現・愛知県清須市）、小牧山《こまきやま》城（現・愛知県小牧市）、岐阜城、安土城と居城を変えていきました。もし本能寺で死んでいなかったら、次は大坂城だったでしょうか。

**本郷**　研究者の多くは、信長は大坂に行こうとしていたと考えています。なぜかというと、秀吉が光秀を討ったあと、しばらく石清水八幡宮《いわしみずはちまんぐう》（現・京都府八幡《やわた》市）近辺にとどまるのですが、すぐに大坂城の築城を始めて短期間で仕上げている。ということは、その時点で築城の下準備——信長による用地調査など——がすんでいた可能性が高いわけです。

**門井**　信長はなぜ大坂に行こうとしたのでしょうか。

**本郷**　織田氏は信長の祖父にあたる信貞《のぶさだ》（信定）の頃に、水運で豊かになったと言われています。それを見聞きしていた信長は、長良川《ながらがわ》沿いの岐阜城から琵琶湖《びわこ》畔の安土城に移り、次には大坂湾と淀川《よどがわ》を視野に入れた大坂城を考えていたのかもしれません。大坂湾から海外を視野に入れた活動を始めようとしたと主張する研究者もいますが、私もその意見に賛成です。

## 秀吉は信長の模倣か

**本郷**　豊臣秀吉の前半生は、いまだに正確なところがわかっていません。山川出版社の『日本史用語集』、これは教科書を補完する参考書ですが、そこには「尾張中村《なかむら》に生まれ、藤吉郎《とうきちろう》と名乗る。今川氏の部将松下嘉兵衛《まつしたかへえ》に、のち信長に仕え」と記されています。いくら兵農分離がなされていない時代とはいえ、これでは農民だったのか、下級武士だったのかもわかりません。

教科書に「秀吉は、信長に仕えてしだいに才能を発揮し、信長の有力家臣に出世した」とあるように、信長に功績を認められて、武将へと駆け上っていったのは事実です。それにしても、教科書に「出世」という俗っぽい表現がなされているのはおもしろい（笑）。

この時代、家臣は主人の行動を見て学びました。主従の政策・軍略が似ているのは、そのためです。たとえば、石田三成《いしだみつなり》は忍城《おし》（現・埼玉県行田《ぎょうだ》市）を水攻めにしていますが、これは秀吉による備中高松城《びっちゅうたかまつ》（現・岡山県岡山市）の水攻めを〝猿まね〟したものです。ただし、秀吉は大成功し、三成は大失敗しています。

秀吉も信長を模倣《もほう》したとする研究者もいますが、最近の研究者は、秀吉はアイデアマンであったと考えています。秀吉は太閤検地や刀狩《かたなが》りを行なっています。前述のように、太閤検地によって土地の重層支配がなくなりましたし、刀狩りで兵農分離がなされました。まさに中世の完全なる終焉であり、近世の扉を開けたものです。私も日本史を変えた、秀吉の功績だと思います。

そのいっぽうで、よくわからない人物ともされています。理論・理屈でとらえられぬ人、ということです。秀吉の最大の失敗は朝鮮出兵ですが、信長が生きていたら朝鮮出兵を行なったかどうかが研究者の間で議論されています。信長でも行なったのであれば時代の必然であり、そうでなければ秀吉独自の政策ということになります。

私は、秀吉は信長の模倣ではないと考えています。前述のように、信長の城は見せ城であり防御の観念が薄い。いっぽう、秀吉が造った大坂城は家康ですら落とせないうえに、見せ城としても成功しています。領民はもちろん大名も、その規模や豪華さに圧倒されています。信長と秀吉は実力的にもそれだけ違うのです。秀吉は信長の後継者であり、信長が描いた図面の上を走っていただけということではまったくないということです。

**門井**　私も、秀吉が信長を模倣したとは思いません。現代風に言えば、秀吉は信長派の出身ですが、派閥をそのまま継承したのではなく、自ら派閥をつくり領袖《りょうしゅう》となった。ただし、信長の事績を引き継いでいるとすれば、京都の再興です。

私は、『家康、江戸を建てる』の続編として『秀吉、京をリフォームする』を書こうとしたことがあります。応仁の乱以後、すっかり荒廃した京の都を再建したのは秀吉です。現在、私たちが見ている古都・京都は奈良・平安期のものではなく、秀吉以降の町です。秀吉は町の周囲に小戸井《おどい》（堰《せき》）を造って疎水《そすい》を整え、寺社を再建して寄進しました。また、あちこちに点在していた寺を一カ所に集めて、今で言う寺町通《てらまちどお》りにしています。

ただし、秀吉には京都よりも大坂、伏見《ふしみ》のイメージが強い。殊《こと》に大事なのは、実は伏見です。おそらく滞在した日数で言えば、大坂城よりも伏見城（現・京都府京都市）のほうが長いでしょう。淀川は宇治川《うじがわ》、木津川《きづがわ》、桂川《かつらがわ》が合流しており、その三川の合流地点にあるのが淀です。その北にあるのが伏見、河口にあるのが大坂です。伏見と大坂の土地としての共通点は、治水《ちすい》工事をして地ならしをしないと、人が住めないことです。

## 秀吉が関白を選んだ理由

**門井**　豊臣秀吉は征夷大将軍にはならず、武家としてはじめて関白になりました。自分が天下人である証《あかし》を、関白という地位に求めた。朝廷に興味があるというよりは京都に興味があって、その延長上に関白があったと私は考えています。関白に、将軍とは違う価値を見出したのではないでしょうか。

**本郷**　秀吉は血筋があやしいので征夷大将軍になれなかったと言われることがありますが、私はなれたと思います。徳川の世《よ》になって、源氏でなければ将軍になれないという理屈が出てきますが、これはあとづけです。

**門井**　信長の三職推任問題を見ればわかるように、平氏や藤原氏を名乗った信長を、朝廷は何ら気にしていませんね。ということは、秀吉が源氏を名乗ることは可能だったと思います。秀吉は、太政大臣や関白を務めた近衛前久《さきひさ》の猶子《ゆうし》（相続を前提としない養子）になってから、関白に就任していますね。

**本郷**　よく言われるのは、足利義昭の猶子にしてくれと頼んだけれど、断られた件です。足利将軍家も源氏の嫡流ではないわけですから、足利氏以外の源氏、たとえば佐竹氏や小《お》笠原《がさわら》氏に頼んでもよかったわけですが、征夷大将軍にはならずに関白を選びました。

淀君《よどぎみ》が妊娠した時、秀吉の種《たね》ではないと落書きされた。秀吉は激怒して、その場所の責任者も含めて一〇〇人ぐらい殺してしまいました。そんなことをされたら、誰も二度と口にしません。もし「秀吉は源氏ではない」などの悪口を言えば、殺されたでしょう。そうであれば源氏になることもできただろうし、源氏にならなくても、将軍になれたと思います。

秀吉は関白就任後に正親町《おおぎまち》天皇から「豊臣」の姓を下賜《かし》されています。もし将軍になっていたら〝源氏っぽい〟姓をもらっていたかもしれません（笑）。

武家には将軍になれる家となれない家があったと述べましたが、この頃には、その不文律は有名無実でした。それよりも、全国を実効支配する「実力」のほうが重視されたのです。将軍になれる「権利」はあっても「実力」がない足利将軍家より、信長や秀吉のように「実力」がある覇者が、将軍や関白という官職を得て治めることを朝廷も求めていたから、信長や秀吉に与えたわけです。

**門井**　前述のように、足利義昭がまだ生きていましたからね。将軍のイメージは濃厚に「過去の遺物」だったから、将軍にならなかった。むしろ関白のほうがイメージとしてはいいし、武家としてははじめてというインパクトもある。このインパクトが、秀吉の自尊心を満たしたのかもしれません。中古じゃなくて、新品だと。

そして、秀吉は甥《おい》の秀次に関白を譲り、自分は太閤になった。前《さきの》将軍でも上皇でもない、まったく新しい形の院政です。

**本郷**　三職のうち将軍はオワコン、太政大臣は清盛・義満を想起させるのでイヤだとなると、関白しかなかったのでしょう。

関白は藤原氏にすれば、非常に大事な官職であり、当然やりたいわけです。だから、その後も関白を豊臣氏が引き継ぐならば、豊臣氏が関白を独占する形にしたか、武家関白と公家関白をつくってそれぞれ豊臣氏と五摂家で就任する。あるいは、五摂家に豊臣氏を加えて六摂家とするなどが考えられます。ただ、このように述べると、「豊臣は姓《かばね》で家名は羽柴だ」と言う人が出てくるかもしれない。五摂家の近衛も九条も姓は藤原なので、六摂家なら、豊臣ではなく羽柴だというわけです。確かに原理原則はそうですが、そのへんは気にしないでいいんじゃないかなあ。

**門井**　関白の座をめぐって五摂家が争っており、その漁夫の利をかっさらうようにして秀吉が関白になったという説がありますが、どう思われますか。

**本郷**　それは、非常に近視眼的な見方と言わざるをえません。秀吉も信長同様に専制君主ですから、当時のしきたりを守るわけがないのです。天皇の立場すら左右できるほどの力を持っていたのだから、関白になれないことはないと思います。

## 豊臣秀頼は将軍になれたか

**本郷**　下世話な話をすると、秀吉の女性の好みは名家の姫君でしたが、側室には貴族出身がひとりもいないのです。ほとんどが織田氏や京極《きょうごく》氏などの武家出身の女性です。貴族の側室を欲しいと思えば持てたでしょうし、むこうから差し出してきたでしょう。ということは、貴族に憧《あこが》れて萎縮してしまうのか、貴族およびその文化にまったく興味がなかったか、どちらかでしょう。これは秀吉に聞いてみたいなぁ。

**門井**　秀吉の遺児・秀頼《ひでより》は権大納言、内大臣、右大臣と昇進していきましたが、征夷大将軍になる可能性はなかったですか。

**本郷**　秀頼が右大臣の頃、家康が征夷大将軍でしたし、家康はその後、秀忠に将軍職を譲っていますから無理ですね。むしろ、父親に倣《なら》って関白になるほうが流れ的には無理がない。ただし、家康がそれを認めたかどうか。いや、たとえ秀頼が関白になっていても家康は滅ぼした可能性が高い。

いくら高い官職に就《つ》いていても、そこに「実力」がともなわなければ意味がない。やられる時はやられるわけです。

**門井**　征夷大将軍も関白も単なる看板にすぎなかったということですね。

**本郷**　律令で定められた官職は、戦国時代には中身がともなわなくなってしまいました。時間が経過しているので、同じ名前の官職でもまったく違うものに変質しているわけで、それこそ看板に惑《まど》わされてはいけないということです。

**門井**　その看板ですが、秀吉と家康は同じ使い方をしています。つまり、まず自分が関白・将軍の看板を得たら、すぐに後継者に譲る。そして、太閤・大御所となって院政を敷き、政権の長期化をはかっています。これは、かつて足利義満が行なった手法ですが、つまり、看板より権力者個人のほうが強いし、意味がある。

**本郷**　その看板に成り下がっていた征夷大将軍が家康のもとで復活を遂げた。そこが歴史のおもしろいところです。

# 第六章

# 徳川家康

——今も影響を与え続けている家康の選択

## 家康はなぜ将軍を選んだか

**本郷**　徳川家康（一五四二〜一六一六年）は、三河国《みかわ》（現・愛知県東部）の小大名・松平広忠《まつだいらひろただ》の嫡男として生まれました。幼名は竹千代《たけちよ》、のちに松平元康《もとやす》と名乗っています。

家康は永禄九（一五六六）年、上野国新田郡《にった》（現・群馬県太田市《おおた》）を領した得　川《とくがわ（えがわ）》氏が遠祖であるとして、徳川と改姓します。得川氏はさかのぼれば、源氏の名門・新田氏に行き着きます。俺は名門出身だというわけです。ただし、これは征夷大将軍を狙って深謀遠慮したわけではなく、由緒正しい家であると言いたかっただけだと思います。

余談ですが、太田市は徳川氏発祥の地ということで地域おこしをしており、私はシンポジウムで講演をしたことがあります。徳川宗家《そうけ》第十八代当主の徳川恒孝《つねなり》さんも来ていました。

**門井**　家康は関ヶ原の戦いの三年後、慶長八（一六〇三）年に征夷大将軍になりました。家康にも太政大臣・関白・征夷大将軍という三枚のカードの選択肢があったとして、まず関白を選ぶことはなかったと思います。大坂城に豊臣秀頼がいて、豊臣氏に心を寄せる大名も多かった。彼らを刺激してまで、関白になる必要はない。ましてや、いずれ豊臣氏を滅ぼすという魂胆《こんたん》があったなら、豊臣氏の後塵《こうじん》を拝したと思われたくなかったでしょう。
次に太政大臣ですが、武家で太政大臣になった平清盛と足利義満は西国の政権であり、金満家のイメージが強い。本拠が江戸であり、源頼朝に学んだ（後述）家康がイメージするところではなかったでしょう。また、関ヶ原の戦いの時点で足利義昭が亡くなっていますから、征夷大将軍のイメージもいちおうクリーンになる。このように見てくると、征夷大将軍しかありません。

**本郷**　家康の場合、天下人としての実力を表わすのにふさわしい名称として、征夷大将軍を選んだと思います。家康は将軍になってさほど経たないうちに、秀忠に将軍の地位を譲ると、江戸城を出て駿府《すんぷ》城（現・静岡県静岡市）に移ります。しかし、大御所として天下人であることに変わりはなかった。秀忠は将軍であるにもかかわらず、大御所様の意向に逆らうことはできなかったのです。

**門井**　将軍と言っても「昔の名前で出ています」という感じで、古びた看板であることは変わりないので、それ自体には何の権限も付随しません。つまり、看板があれば統治・支配できるのではなく、統治・支配できる実力があって、はじめて看板が生きてくる。言うならば、支配に正統性を与えるお墨付きのようなものです。

家康は天正十八（一五九〇）年、秀吉の命《めい》で、東海から関東に移封されています。小田《おだ》原《わら》征伐で降伏した北条氏の旧領を与えられたわけですが、明らかにこれは左遷です。秀吉にすれば、政権のある京都・大坂からすこしでも遠く、しかも源平時代より開発が進んだとはいえ、いまだ発展途上の地に飛ばしたわけです。

家康は、関東を根拠地にせざるをえなかった。その時、誰もが思い出すのが鎌倉幕府であり、源頼朝です。昔の看板であっても、それを使うのが得策だという判断になったのではないでしょうか。

## 幻《まぼろし》の博多《はかた》幕府

**門井**　もし家康が関東ではなく九州に飛ばされていたら、どうなっていたでしょうね。

**本郷**　それまで、家康の領国は駿河《するが》国、遠江《とおとうみ》国、三河国、甲斐《かい》国、信濃《しなの》国の五カ国でした。それが関東八カ国、すなわち武蔵国、伊豆国、相模《さがみ》国、上野国、下野国の一部、常陸《ひたち》国の一部、下総《しもうさ》国、上総《かずさ》国になり、石高も一五〇万石から二五六万石に増えています。

これが九州、たとえば島津《しまづ》氏の薩摩《さつま》国、宗《そう》氏の対馬《つしま》国、壱岐《いき》国を除く筑前国、筑後《ちくご》国、豊前《ぶぜん》国、豊後《ぶんご》国、日向《ひゅうが》国、大隅《おおすみ》国、肥後《ひご》国、肥前《ひぜん》国も八カ国ですから、条件としては遜《そん》色《しょく》ありません。

もちろん、条件以前に、天下人・秀吉の命令を拒否すること＝謀反となりますから、家康は九州に行っていたでしょう。そうなったら、家康は九州を中心にした国づくりをしたわけで、その後の日本が大きく変わったことはまちがいない。

**門井**　江戸幕府は鎖国をせずに、貿易立国をしていたかもしれませんね。

**本郷**　ただ、九州にいたら、関東に移封された時のように朝鮮出兵を断ることはできませんから、行かざるをえなかったでしょう。家康自身は渡海しなくても、秀忠が指揮官となり、戦死しないまでも病死したかもしれない。まあ、家康は子だくさんで、代わりはいくらでもいますから、それほど打撃にはならないか。

交易を考えれば、本拠地は博多に置いたでしょう。そうすると博多幕府か。いや、そもそも九州だったら征夷大将軍を選ばなかったかもしれない。室町時代の九州探題とか、あるいは復古調に大宰帥《だざいのそち》を名乗ることも考えられなくはない。

## 家康はなぜ江戸を選んだか

**門井**　家康が入府した当時の江戸は、利根川《とねがわ》が現在の群馬県利根郡みなかみ町からズドンと東京湾に注いでおり、水はけの悪いところでした。人はまばらに居住する程度で、まさか日本の首都になるとは家康ですら思わなかったと思います。

では、家康はなぜ江戸を選んだのか——。

当時の関東の首都とも言える小田原という選択肢もありました。しかし、小田原では秀吉に勝てない、豊臣政権を打倒することはできません。まず京都に近いので、京都の影響を受けてしまう。次に、町が狭くて完成され尽くしており、徳川色を出しにくい。

小さいけれど完成している小田原か、でっかいけれど未完成の江戸か——の選択であり、中間はありませんでした。そして、家康は後者を選んだのです。もしかすると小田原は、秀吉に対して差《さ》し障《さわ》りがあったかもしれません。

**本郷**　差し障りとは？

**門井**　小田原征伐において、小田原城（現・神奈川県小田原市）は戦闘では落とせませんでした。北条氏の降伏をもって、開城したのです。その小田原城に入ると、秀吉に謀反を疑われるかもしれません。秀吉がそこまでやったかは別として、家康の慎重な性格からは十分考えられます。

では、江戸を選択するメリットは何か――。

利根川をはじめとした水回りを整備するという前提のうえで、その時点では米《こめ》が取れることしかない。土地だけは広いですから。九州だったら貿易立国が考えられますが、関東では難しい。当時、交易は太平洋側ではなく、圧倒的に日本海側でした。家康は江戸という町を選択した瞬間から、米経済の都市を造るしかなかったと思います。

**本郷**　門井さんの説を突き詰めると、小田原については秀吉に対する忖度《そんたく》が働いた。家康は「江戸に行きます」と言って、秀吉には「莫大な費用がかかるだろう。徳川の力を削《そ》ぐことができた」と思わせた。そして、江戸ありき――で考えた結果、米作りを柱にしよう、川を曲げよう、などさまざまなことが始まった。すべては家康が江戸を選んだことから始まったということですね。

この家康の選択は、四〇〇年後の二十一世紀に生きる私たちにまで影響をおよぼしています。まさに、日本史を変えた将軍です。

## 農本主義

**本郷**　門井さんが言われるように、江戸を本拠とするメリットは米作《べいさく》ですから、家康は農本主義を推《お》し進めていくことになります。交易については無関心というわけではないけれども、どちらかというと肥沃《ひよく》な大地に萌《も》えるのでしょう。それは、東海地方が本拠だった家康の悲しさかもしれません。

東海地方は海沿いまで山が迫り、面積のわりに石高が少ないのです。たとえば、駿河国が一五万石、遠江国が二五万石、三河国が三〇万石で、今川義元の最盛期はこれら三国・計七〇万石を領有していました。いっぽう、信長は桶狭間《おけはざま》の戦いの頃（一五六〇年）、尾張一国だけでしたが、尾張国は生産力が高くて六〇万石でした。

家康は三河国の人でしたが、前述のように、秀忠に将軍職を譲ったあとは、駿府国に帰りましたから、生まれ故郷より育った地のほうが好きなのでしょう。いずれにせよ、家康にすれば、関東地方の見渡す限りの水田という風景はまぶしく見えたと思います。

**門井**　そうすると、関東は明治期の日本人にとっての北海道かもしれません。つまり、開発対象です。

**本郷**　家康が関東地方の先に、東北地方を見ていたことはまちがいない。東北にも広大な土地があり、それが家康の国づくりのヒントになった。まだまだ内需は拡大し、外に出なくても日本には成長の余地があると考えたのではないか。

江戸幕府が鎖国政策を採るのは家康死後のことであり、家康本人は必ずしも鎖国を意図していなかったと思いますが、積極的に海外に出るよりも（外需）、国内経済を活性化させること（内需）に重きを置いたことは確かです。

**門井**　家康が関東に移封されたのは、四八歳の時です。人生五〇年と言われた時代ですから、いつ死んでもおかしくない。その状況で巨大プロジェクトを立案し、遂行したわけですから（門井慶喜著『徳川家康の江戸プロジェクト』）、やはり家康も〝普通〟ではない（笑）。

**本郷**　家康は健康おたくでした。食事は粗食で生ものを避け、発酵食品や玄米を摂《と》ったそうです。足腰を鍛えるために鷹狩《たかがり》を行なうなど、体力には自信があったのでしょう。

ちなみに、家康はこの頃から女遊びを始めています。三十代の頃は判明している限り、側室はひとりだけでした。長男・信康《のぶやす》（織田信長の命により切腹）と後継者となった三男の秀忠は二〇歳も違うのですが、その間は次男・結城秀康《ゆうきひでやす》、亀《かめ》姫、督《とく》姫だけです。四九歳で死んだ信長は十一男十女をもうけています。

**門井**　家康は五〇歳を過ぎてからできた子どもが多いということですね。

**本郷**　生存的な安心を得て、性欲が高まったのかなあ。衣食足りて性を知るみたいな感じかもしれない。

## 建築の秀吉、土木の家康

**本郷**　家康には美的なセンスはあまり感じられませんが、土木工事が好きでした。いっぽう、秀吉は建築を好みました。門井さんが言われたように、京都の寺社の再興や、大坂城、伏見城など続けざまに造っています。ちなみに、「今太閤《いまたいこう》」と言われた田中角栄《たなかかくえい》元首相は土建業出身であり、「日本列島改造論」の発想は家康の「江戸プロジェクト」に近い。もっとも、本人は「俺は信長だ」と言っていたようですが。

家康は藤堂高虎《とうどうたかとら》とうまが合いましたが、高虎は土木、特に築城を得意としました。加藤《かとう》清正《きよまさ》が美しい石垣を備えた熊本城（現・熊本県熊本市）を造ったのに対し、高虎は実用的な津《つ》城（現・三重県津市）を造っています。

**門井**　秀吉は巨大な大坂城を造りましたが、淀川を曲げたりはしませんでした。いっぽう、家康は利根川を曲げましたが、すでにある江戸城を改修して使いました。二人の特徴が表われています。

**本郷**　秀吉のスケールが小さかったかというと、そうではありません。秀吉は伏見に執着しましたが、これは京都・伏見・大坂の三都構想なのです。いずれも淀川水系にあり、三つの都を水運で結んで活用するというのが、秀吉の壮大なプランでした。

**門井**　秀吉が天下人となり、家康が江戸を選択した頃は土木技術の発達期で、短期間に石垣を積み、堀に水を引いて——という大規模工事が全国で行なわれていました。職人集団の技術レベルが一気に上がった。秀吉・家康の若い頃と比べると、格段の進歩だったと思います。

**本郷**　江戸の土木工事を仕切ったのが、門井さんの小説『家康、江戸を建てる』にも出てくる代官頭《だいかんがしら》（のちの関東郡代《かんとうぐんだい》）の伊奈忠次《いなただつぐ》です。しかし、あれだけ働いて、その功績も小さくないのに、武蔵小室藩《むさしこむろ》（現・埼玉県北足立郡伊奈町《きたあだちいな》）一万二〇〇〇石の藩主で終わりました。三万石でも五万石でもあげていいと思いますが、家康はケチだからなあ。

もしかすると、大久保長安《おおくぼながやす》にならないように用心したのかもしれません。長安は佐渡《さど》金山（現・新潟県の佐渡島）や石見《いわみ》銀山（現・島根県大田《おおた》市）などを管轄し、年寄《としより》（のちの老《ろう》中《じゅう》）にまで上り詰めましたが、幕府の公金を私的に濫用。そのため長安の没後、男児全員が処刑されています（大久保長安事件）。

**門井**　忠次には、そのような政治的野心は見られません。忠次は、たとえば家康が小さな寺に寄進する時に文章を書いたり、こまかい発給文書を作ったりしていました。つまり、書類仕事が主業務だったのです。その書類仕事で培《つちか》った人脈や土地勘が、大工事の成功につながっています。

ちなみに、秀吉は行政官僚にもけっこう手厚く報《むく》いています。たとえば、土木担当の増《まし》田《た》長盛《ながもり》が大和郡山《こおりやま》二二万石、石田三成が近江佐和山《さわやま》一九万石、小西行長《こにしゆきなが》が肥後半国二四万石など。しかし、江戸幕府は譜代《ふだい》大名の多くが二〇万石以下、旗本は一万石未満ですから、非常に抑制が効《き》いている。現代の官僚が給料が安いのと、ちょっと似ている（笑）。これが、徳川政権が幕末まで二六〇年間もった秘訣かもしれません。

## 家康の愛読書

**本郷**　家康は向学心が旺盛で、学問を好みました。それゆえ、年齢を重ねるにしたがい、人間が大きくなっていったように思います。家康の学問好きは、子の代では九男の義直《よしなお》（尾張藩初代藩主）に、孫の代では水戸学《みとがく》（後述）を興した「水戸黄門《みとこうもん》」こと光圀《みつくに》（水戸藩主）に受け継がれました。

家康は関東に移封後、鎌倉幕府の歴史を記した『吾妻鏡』の収集を始めています。私たち中世史研究者が使っている『吾妻鏡』は、「北条本《ほうじょうぼん》」と呼ばれています。なぜそのように呼ばれるかというと、もともとは北条氏（鎌倉時代の北条氏ではなく、戦国時代の後北条《ごほうじょう》氏）が所有していたものだからです。

北条氏は小田原討伐の折、黒田如水《くろだじょすい》（官兵衛《かんべえ》）に、交渉に骨を折ってくれたお礼として『吾妻鏡』を贈りました。如水の息子であり、筑前福岡藩の初代藩主・長政《ながまさ》は、それを幕府に献上。幕府では江戸時代を通じて、江戸城内の文庫、のちの紅葉山《もみじやま》文庫に収蔵していました。そして明治に入り、活字にしたわけです。

ところが、井上聡《いのうえさとし》さん（東京大学史料編纂所准教授）が調べたところ、この「北条本」

は北条氏のものではなく、家康によって作成されたことがわかりました。つまり、家康が資金を出し、人を派遣して全国に散らばっていたものを集めて、現在ある形に仕上げたのです。そのためか、ところどころ抜けているところがある。

井上さんは、家康が今ある形の『吾妻鏡』を作ったのだから、「北条本」ではなく「家康本」と言うべき――と主張しており、私もまちがっていないと思っています。家康はそれぐらい『吾妻鏡』を愛読していたのです。

**門井** 天下を取った先達《せんだつ》として、源頼朝が何を考えていたかを学ぼうとしていたのでしょう。本郷さんが言われたように、足利尊氏は頼朝を意識していましたが、家康も頼朝を意識していた。しかも、そこから真摯《しんし》に学ぼうとしていました。

**本郷** 家康は自分の足りないところを、学者からも学ぼうとしています。儒学者の藤原惺《せい》窩《か》（藤原定家の子孫で冷泉為純《れいぜいためずみ》の子。近世儒学の祖）の講義を聞いた家康は、「家臣にならないか」と誘いましたが、惺窩は「京都を離れたくありませんので」と辞退。弟子の林羅《はやしら》山《ざん》を推薦しました。羅山は家康・秀忠・家光《いえみつ》・家綱《いえつな》と四代の将軍に仕え、子孫（林家《りんけ》）は幕府に儒学者として用いられています。

それ以外にも、天海《てんかい》や金地院崇伝《こんちいんすうでん》などの僧侶、ヤン・ヨーステン（椰揚子《やようす》）やウィリアム・アダムズ（三浦按針《みうらあんじん》）らヨーロッパ人をブレーンにして学んでいます。

**門井**　家康の学問は京都的な教養より、プラグマティックな感じがします。『吾妻鏡』も自分に引きつけて読むというか、実用的な読み方をしたのだと思います。

『吾妻鏡』の写本もそうですが、家康は学問を残すことにも熱心でした。駿河版《するがばん》は家康が作らせた、日本初の銅活字版の書籍ですが、近代の活版のように一文字ずつ銅活字を作って、それを並べて版にして刷っています。私は、印刷博物館（東京都文京区）で版と本を見たことがあるのですが、とてもきれいでした。

**本郷**　家康はそういうことまできちんと対処していますね。晩年の家康は、本当によくできた人だと思います。

## 歴史に学んだ初の天下人

**門井**　第二代将軍・秀忠以降、将軍権力は安定していきますが、それは徳川氏の祖である家康の権威・権力を引き継ぐことと、源頼朝以来の征夷大将軍の看板を引き継ぐことの両方があったと思います。

官職としての将軍には何の権限もないのですが、その名前で政権を取った家が二つ（源氏・足利氏）もあるという歴史が価値なのです。

頼朝は源氏の嫡流であり、足利氏も源氏として頼朝の後継者を名乗ることができる。しかし、徳川氏は源氏を名乗ってはいますが、その根拠はあいまいですし、江戸が本拠地でもなく、江戸に譜代の家臣がいるわけでもない。最大の領地を持ち、「王は戦争でつくられる」ごとく覇者となった。つまり、徳川氏が天下を治める根拠は実力以外に何もない。その実力以外に何もない人が最後に頼るのが、歴史だと思うのです。だから家康は勉強したし、歴史によって権威づけせざるをえなかった。

それは、日本の歴史が引用するに足るだけの量と質を備えてきたということでもあります。日本でも十七世紀になって、権力者レベルでの歴史主義が成立したのです。具体的な現象面で言えば、家康の『吾妻鏡』の収集でしょうし、卑近な例では豊臣秀頼の息子・国《くに》松《まつ》の斬首がそうです。

大坂夏の陣で秀頼は自害しますが、秀頼の子である国松は徳川方に捕《と》らえられます。まだ八歳でしたが、京都の六条河原《ろくじょうがわら》で処刑されるのです。牽強付会《けんきょうふかい》ぎみに言うならば、平《へい》治《じ》の乱（一一五九年）で頼朝を殺さなかった平氏の失敗に学んでいると思います。

このような具体的な意味での歴史主義、あるいは看板を利用するという高尚な意味での歴史主義が出現した。家康はきちんと歴史を勉強しているなあと感じます。

**本郷**　それまで、日本人にとって、学ぶ対象としての歴史は日本史ではなく、中国史でした。岐阜に改名した信長が好例です。信長自身が学んだかは別として、社会通念として教養としての中国史があったわけです。

当時の寺院は現代で言うところの図書館や大学の機能もはたしていました。僧侶は知識階級であり、彼らから中国の古典を学んだのです。そこにはじめて日本史というものが意識された。その意味では、家康は日本史に学んだはじめての天下人だったと言えるかもしれません。

**門井**　歴史に学んでいた家康は、豊臣氏を滅ぼすまでは安心できなかったのかもしれません。

**本郷**　豊臣氏が徳川の世《よ》で生き残ろうとするなら、秀頼は天下の名城である大坂城をカードに使うべきでした。「大坂城を出ます。江戸幕府の監視を受けますので、川越《かわごえ》あたりで五万石をください」と申し出たら、もしかしたら存続を許されたかもしれない。あるいは貴族になってもよかった。前述のように、摂家となるわけです。

**門井**　江戸時代二六〇年間待ったら、明治時代には華族になれましたね。

**本郷**　いや、幕末に討幕の旗頭《はたがしら》になったかもしれませんよ。豊臣氏は朝廷との関係は良好でしたから、錦《にしき》の御旗《みはた》を下賜されたでしょう。そして西郷隆盛を従えて、江戸城総攻撃の総大将になる。「江戸春の陣」です（笑）。

## 南北朝正閏論《なんぼくちょうせいじゅんろん》

**本郷**　教科書では、三家《さんけ》（御三家《ごさんけ》）は尾張藩・紀伊《きい》藩・水戸藩とされていますが、正確には徳川将軍家・尾張藩・紀伊藩です。水戸藩は、紀伊藩の分家なのです。

家康は、戦略上の重要な位置に親族を配置しています。つまり江戸の徳川将軍家を守るために、尾張に義直、駿河（家康没後に紀伊）に頼宣《よりのぶ》、近江に譜代大名の井伊《いい》氏（彦根《ひこね》藩）、北伊勢に外様大名ですが家康の信望厚い藤堂氏（津藩）と並べ、西から来る敵を潰す考えだったのでしょう。

さらに、岡山に家康の次女・督姫を妻に迎えた池田《いけだ》氏（岡山藩）、広島に同三女・振《ふり》姫を妻に迎えた浅野氏（広島藩）を置いた。このように、家康とその後継者たちは全体的な目配りができる人々でした。

**門井**　その目配りは、現在の東海道・山陽新幹線の駅につながっています。

**本郷**　水戸藩の第二代藩主・徳川光圀は水戸学を興したことで知られています。教科書には、水戸学は「『大日本史《だいにほんし》』の編纂事業を中心にしておこった学派で……天皇尊崇と封建的秩序の確立を説いた」とあります。

　その光圀は、南朝が正統であると主張しました。南朝が正統であるということは、北朝は閏統《じゅんとう》、つまり正統ではないということになる。これを「南北朝正閏論《なんぼくちょうせいじゅんろん》」と言います。

尾藤正英《びとうまさひで》さん（東京大学名誉教授、故人）は、「北朝は閏統であるから、その子孫である現在の朝廷も閏統である」というのが、光圀の真意であると論じました。尾藤さんは近世思想史が専門で、私も学生時代に習いました。

**門井**　かなり激しい言説ですね。

**本郷**　この説がまちがってはいないと思うのは、儒学者であり第六代将軍・家宣《いえのぶ》の時に幕政に参与した新井白石《あらいはくせき》も同じ主張をしているからです。

　白石は、著書『読史余論《とくしよろん》』のなかで「後醍醐中興《ちゅうこう》ノ後《のち》源尊氏反《はん》シテ天子蒙塵《もうじん》（後醍醐天皇による中興のあと、足利尊氏が謀反を起こして、天皇は都を逃げた）」と述べています。

蒙塵とは中国由来の言葉で、都にいるべき天子が難を避けて地方に行くことを意味しています。つまり、後醍醐天皇が吉野に出奔したことをもって、朝廷の役割は終わった。そこからは武家の時代であると新井白石は論じたのです。

**門井** 尾藤説は定説になっているのですか。

**本郷** いや、尾藤さんの言説を受け継いだ研究者はほとんどいません。近世史は佐々木《ささき》潤之介《じゅんのすけ》さん（一橋大学名誉教授、故人）を受け継いで、農村経済の分析をする人が主流になっています。そのせいもあり、尾藤説についても正しいともまちがっているとも言えず、宙ぶらりんになっています。私は、尾藤説はまちがっていないと思いますが、これに従えば、光圀は朝廷を大切にせよとは言っていないことになります。

**門井** もし尾藤説が正しいとすると、幕末に尊王攘夷《そんのうじょうい》を唱えた志士たちは誤解していて、幕末は誤解にもとづく大騒動だったということになります。日本史の根本を揺るがす大事件です。

**本郷** 実は、水戸学は前期・後期に分けられ、その性格もかなり異なります。前述の光圀による『大日本史』編纂事業に始まり、安積澹泊《あさかたんぱく》（テレビ番組「水戸黄門」の格《かく》さんのモデルと言われる）、佐々宗淳《さっさそうじゅん》（同・助《すけ》さん）、栗山潜鋒《くりやませんぽう》らの儒学者が唱えたのが前期水戸学です。具体的には、朱子学の大義名分論にもとづき、尊王論を展開しました。いっぽう、第九代藩主・斉昭《なりあき》の頃に藤田幽谷《ふじたゆうこく》・東湖《とうこ》父子、会沢安《あいざわやすし》らの儒学者によるものが後期水戸学で、尊王に加えて強い攘夷思想が特徴です。特に会沢は、著書『新論《しんろん》』のなかで「国体《こくたい》」という言葉を用いて、日本は将軍ではなく天皇を中心としてひとつにまとまらなければならない——と主張しました。

**門井**　この主張が、吉田松陰《よしだしょういん》らを動かしたわけか。

**本郷**　だから、誤解ではありません。南北朝正閏論は、明治時代にも起こっています。一九一一年、両朝を並立させた国定教科書の記述が帝国議会で問題化し、教科書編纂官が休職に追い込まれ、政府は南朝を正統とするとしました。しかし、北朝の天皇を戴《いただ》いた明治政府が、南朝を正統であるとした理由や根拠ははっきりとは示されませんでした。

## 看板からシステムへ

**本郷**　家康は信長や秀吉の様子を見て、天才は一代限りで続かないことを悟ったと思います。つまり、個人の能力やカリスマ性に依拠するのではなく、統治システムを作り上げようとした。その象徴的な事例が、第三代将軍を選んだ基準です。

第二代将軍・秀忠には、二人の男児、兄竹千代《たけちよ》（のちの第三代将軍・家光）と弟国千代《くにちよ》（のちの甲府藩主・忠長《ただなが》）がいました。母親の江姫《ごう》（戦国一の美女と言われたお市《いち》の方《かた》の娘）は容姿端麗かつ頭脳明晰《めいせき》だった国千代を溺愛《できあい》し、吃音症《きつおん》だった竹千代に冷たくあたりました。家臣たちも、徳川将軍家の当主には国千代殿こそふさわしいと噂するようになっていきます。その状況を憂《うれ》え、駿府城にいた家康に注進したのが、竹千代の乳母である福《ふく》（春日局《かすがのつぼね》）であり、家康は竹千代を第三代将軍に指名した——。

これらは後世に作られたエピソードともされていますが、家康の生存中に竹千代の将軍継承が決定されたことはまちがいない。亡くなるまで、駿府で大御所として権力を振るった家康に逆らえる者などいません。ということは、嫡男の竹千代を将軍にすることは家康の意思だった。長子相続が確定したのはまさにこの時であり、日本史を変えた瞬間です。そして、これこそ江戸幕府が二六〇年続いた要因です。

それまで、日本ではお家騒動という名の権力闘争が繰り広げられてきました。古くは壬《じん》申《しん》の乱（六七二年）もそうですし、室町幕府で足利将軍が流浪したのも長子相続が確定されなかったからです。「将軍になれる人」が複数いて、その継承順位も明確ではない。だから、さまざまな勢力がそれぞれの思惑で担ぐ。これでは政情不安定になるのは当然です。

江戸幕府で儒学を重んじたのは、長子相続を堅固《けんご》なものにするためでした。そして、優秀でなくても自動的に長子が後継者になるという徳川将軍家の王位継承システムが作られたわけです。

**門井**　大坂夏の陣以後、戦闘はなくなりましたが、江戸幕府は大名に対して改易《かいえき》（領地没収かつお家断絶）、減封《げんぽう》（領地削減）、転封《てんぽう》（国替《くにが》え）などを頻繁に行なっています。いわば、火薬を使わない内戦が続いていたのです。

鎌倉・室町・江戸幕府に共通するのですが、はたして将軍とは何か、将軍になると何ができるのか——を一言で言えば、天下に号令できるということです。そうだとすれば、大坂夏の陣後から三代将軍・家光までの時期が、天下に号令する実績づくりの時期だったのではないか。そして、看板にすぎなかった将軍に実質的権力が付与された。

家康には、このシステムさえできていれば、徳川将軍は長いスパンで日本の統治者たりえることはわかっていたと思います。その意味では、家康の晩年は、天下に号令する演習期のような時期だったのではないでしょうか。

**本郷**　繰り返しになりますが、将軍権力とは軍事（主従制的支配権）と政治（統治権的支配権）の二つから成立する。その政治と軍事が車の両輪になり、将軍権力を形づくっている。室町後期から戦国時代まで、たとえ将軍がいたとしても、将軍権力は行使されなかったし、行使できなかった。その将軍権力が、ここでふたたび姿を現わしたわけです（125ページの図）。

豊臣政権と主従関係を持っていた大名が、すべて徳川氏と主従関係を持つ形に切り替えられた。そして、門井さんが述べたように、「おまえは福島から福岡に移れ」というような国替えが頻繁に行なわれましたが、これはまさに主従制的支配権の発露《はつろ》なのです。第三代将軍・家光まで、このようにして豊臣恩顧《おんこ》の大名を中心にボッコボッコ潰されたわけです。

ところが、第四代将軍・家綱の時代から流れが変わり、「人に優しい」政治を目指すようになる。その転換の中心にいたのが、秀忠の息子で、家康の孫である保科正之《ほしなまさゆき》でした。徳川氏は天才は出ませんが（まあ、しょっちゅう出てくるなら天才じゃありませんが）、優秀な人物は出る血統なのです。

## 江戸幕府は一六〇〇年に開かれていた⁉

**本郷**　前述のように、教科書では、江戸幕府の成立は家康が征夷大将軍に任命された慶長八（一六〇三）年とされていますが、それはあまりに形にこだわりすぎていると思うのです。私が考える江戸幕府の成立は、慶長五（一六〇〇）年です。では、何をもって江戸幕府の成立と見るのか。

それは、関ヶ原の戦いで勝利した家康が武士たちに土地を配り、取り上げ、あるいは安堵《あんど》したことです。この時点で、秀吉と武士との間に結ばれた主従関係は、家康との主従関係に置き換わっています。

関ヶ原の戦いは表向き、秀頼の下で家康（東軍）と石田三成・毛利輝元《もうりてるもと》（西軍）が戦ったことになっています。しかし、武家の棟梁の役割・権限である土地の差配を行なったのは秀頼ではなく、家康です。秀頼はむしろ領地を減らされているのです（本郷和人著『壬申の乱と関ヶ原の戦い』）。家康はこの時、征夷大将軍ではありませんでした。しかし、武家の棟梁の役割を行使しており、武士たちも当然のように従っている。だから、江戸幕府は一六〇〇年に開かれたと私は考えているのです。

**門井**　本郷さんのお話を聞いて、小山評定《おやまひょうじょう》がよくわかりました。関ヶ原の戦いの前、上《うえ》杉景勝《すぎかげかつ》討伐に向かった家康は、三成の挙兵を知ると、下野国の小山で諸将を集めます。そこで、家康は「今から引き返して三成を討とうと思うが、三成側についても止めない。急ぎ参られよ」と言うのです。しかし、一同は「家康様についていきます」と返答。関ヶ原の戦いになるわけです。

この家康の発言は、前述の北条政子の演説にやや似ていますが、政子ほどの迫力はありません。政子の場合は、演説がなければみんながついてこないかもしれない切迫感があった。いっぽう、家康の場合は一種の手続きと言ったら言い過ぎかもしれませんが、おそらく断る武将はいないことがわかっていて言った。この時点で、主従関係が結ばれたと考えていいでしょうか。

**本郷**　家康に従うことを揚言したのですから、主従関係が結ばれたと言っても差し支えないでしょう。わかりやすく言えば、それまでの「家康とその仲間たち」から、「家康とその手下たち」に変わったわけです。

ただ、その主従関係が半永続的なもので、武家の棟梁として認めたものとまでは言えません。土地の差配をしていませんし、それを担保する実力も東軍だけに限られていたからです。関ヶ原の戦いの前に、家康に「浜松から山形に移れ」と言われても、大名たちは「えー、なんで？」と反発したでしょうから。

# 第七章

# 徳川吉宗

## ——幕府中興の祖がなしえなかったこと

## 吉宗が抱いた絶頂感

**本郷**　徳川吉宗《よしむね》（一六八四～一七五一年）は、御三家である紀伊藩の第二代藩主・光貞《みつさだ》の四男として生まれました。長子ではありませんから、家督を継げません。いわゆる部屋住みですが、越前の丹生《にゅう》郡に三万石をもらい、葛野《かずらの》藩主となりました。

徳川宗家の血が絶えた時のために御三家があるように、藩主の血が絶えた時のために、大藩ではいくつかの衛星的な藩を持っていました。葛野藩もそのひとつです。このまま平凡に小藩の藩主で終わると思いきや、家督を継いだ長兄・綱教《つなのり》が死去。その跡を継いだ三兄・頼職《よりもと》も翌年に病死したため、二二歳で第五代藩主に就任するのです。

これだけでも幸運ですが、その一〇年後、第七代将軍・家継《いえつぐ》が八歳で早世し、将軍の座が、紀伊藩主である吉宗に回ってくる。そして享保《きょうほう》元（一七一六）年、第八代将軍に就任します。まさか、まさかの連続で大幸運です。ちなみに、御三家から将軍になったのは吉宗がはじめてで、のちにも第十四代将軍・家茂（紀井藩）しかいません。

**門井**　吉宗は将軍に就《つ》いた時、ある種の絶頂感を抱いたでしょう。スタート地点が低いだけに、単に人の上に立つだけではなくて、山川草木《さんせんそうもく》まで含めた、この世の頂点に立ったという感覚を抱きやすい。その絶頂感がどういうものかを考えるには、藤原道長《みちなが》が補助線になります。

道長も藤原兼家《かねいえ》の四男（五男の説もあり）に生まれ、跡継ぎではありませんでした。しかし、兄たちが次々に病死したため、思いもよらずに藤氏長者《とうしのちょうじゃ》（藤原氏一族の長）となり、天皇の外祖父として権力を握りました。その心情は、道長が詠んだ歌「この世《よ》をばわが世とぞ思ふ　望月《もちづき》の　欠けたることも　なしと思へば」に表われています。月まで支配した（笑）。藤原家の頂点に立ち、天皇の外戚になった人は何人もいますが、このような歌を詠んだのは道長だけです。

この絶頂感は、また絶大なモチベーションになりますが、そこから必要以上に責任感を感じるタイプと、威張《いば》り散らすタイプに分かれます。幸いにも、吉宗は前者でした。

**本郷**　紀伊藩の藩主になったのは偶然ですが、将軍になったのは偶然だけではありません。同じ御三家でも紀伊藩より尾張藩が格上であり、吉宗より水戸藩主・綱條《つなえだ》のほうが年長でした。しかし、紀伊藩は藩を挙げてロビー活動を展開。吉宗が将軍の座を射止めるのです。

実は、自藩の藩主が将軍になると、家臣にも〝おいしい〟ことが多いのです。藩主について江戸城に入れば、幕閣入りしたり、旗本になれる藩士が出てくる。それまで地方公務員だった人たちが国家公務員、場合によってはキャリア官僚や大臣になるイメージです。紀伊藩に残った藩士も、ポストが空くので活躍の場が広がりますし、将軍を出したことで藩士たちのプライドも満たされます。

**門井**　田沼意次《たぬまおきつぐ》の父・意行《おきゆき》もこの時、吉宗に従って江戸城に入ったひとりですね。意行は紀州藩の奥小姓《おくこしょう》から将軍小姓・旗本となり、小納戸頭取《こなんどとうどり》にまで出世しています。ということは、吉宗が将軍になっていなければ、田沼時代はなかったわけです。

将軍就任運動のセールスポイントとして、吉宗が紀伊藩の財政を立て直した実績も大きかったのではないですか。

**本郷**　そうだと思います。吉宗は紀伊藩主で終わっても、名君として名を残したでしょう。

**門井**　米沢《よねざわ》藩主の上杉治憲《はるのり》（鷹山《ようざん》）のイメージですか。

**本郷**　そこまで高く評価できるかなあ。

## 政治家になった将軍

**本郷**　室町後期から戦国時代、江戸時代も家康の頃までは、将軍は単なる看板であり、実力が物を言う時代でした。ところが、前述のように、家康が徳川主軍家の長子相続を明らかにして以降、第三代将軍・家光の頃から、江戸幕府はすっかりシステム化されました。その結果、将軍という地位がふたたび重んじられるようになります。

同時に、優秀である必要はなくなった。第十五代将軍・慶喜のように自ら考えて指示を出すタイプは疎《うと》んじられ、幕末の長州《ちょうしゅう》藩主・毛利敬親《たかちか》のように家臣の意見に異を唱えることなく「そうせい」と返答するボスのほうが喜ばれる。

**門井**　そうなると、将軍はシステムにおける一種の駒《こま》でいいということになりますね。

**本郷**　平和な時代になると、武家儀礼が整えられていきました。たとえば、小笠原氏は鎌倉時代の弓馬《きゅうば》術から始まり、次第に「小笠原流」の武家礼法として整えられていきました。それは歩き方から障子《しょうじ》の開け閉めまで、事《こと》こまかな作法があります。

公家だろうと、武家だろうと日本人は儀礼好きなのです。それが文化であるとも言えます。とはいえ、きわめて形式化され、前例踏襲になっていった。ここには、初期の武士、すなわち土の香りがした素朴な在地領主のイメージはもうありません。

**門井**　武家政権の歴史は、ある意味で朝廷からの独立の歴史であり、戦国時代には官職を私称する者もおり、それでも馬鹿にされたりはしませんでした。むしろ、私称できるだけの実力を備えていると評価された。この時、朝廷が最後の砦《とりで》としたのが有職故実《ゆうそくこじつ》だったと思います。

徳川将軍は正装時に烏帽子《えぼし》をかぶり、直垂《ひたたれ》を身につけました。これは、武家が江戸城にあってすら朝廷の風俗習慣に縛られていたとも言えます。そのような儀礼を、武家が自前で作れるようになったことを示すシンボルが小笠原流だと思うのです。これによって、名実ともに朝廷から独立したと言えるのではないでしょうか。

**本郷**　文化にしても、元禄期《げんろくき》(一六八八〜一七〇四年)は京都・大坂など上方《かみがた》主導でしたが、文化《ぶんか》・文政期《ぶんせいき》(一八〇四〜一八三〇年)になると江戸主導になり、町民が文化の担い手になりました。それは、やはりひとつの時代の流れだったと思います。

ただ、生産物は依然として上方優位でした。醬油《しょうゆ》は関東でも造れるようになりましたが、酒造りは失敗します。江戸の人たちは上方から、おいしい酒が来る＝下るのを心待ちにした。いっぽう、まずい酒は江戸で受け入れられない＝下らない。これが「下らない」

という言葉の語源になりました。

話を元に戻すと、武家儀礼が整えられるなかで武士が公務員化し、将軍の地位もそれだけ重くなりました。ここで大事なのは、江戸幕府の将軍が「もっぱら政治をする人」になったことです。源頼朝から徳川家康までは、政治と軍事という二つの将軍権力のうち、軍事が主であり、政治は従でした。それが、戦国時代が終わり、家康が将軍個人の能力よりも幕府というシステムを選択してから、将軍は政治を主とするようになりました。つまり、政治家になった。

それは、第三代将軍・家光の頃、遅くとも第四代将軍・家綱の頃には、幕府内外のコンセンサスになっていました。それをよく表わしているのが、明暦《めいれき》の大火《たいか》です。明暦三（一六五七）年に起こった火事は死者一〇万人以上とも言われ、江戸城も天守閣を焼失しています。これに対して、将軍・家綱を補佐していた保科正之は、天守閣の再建を放棄。その資金を江戸の復興にあてるのです。

軍事拠点であり、威令の象徴である将軍の居城の修復を放棄した――。江戸幕府が軍事政権としての面子《メンツ》を捨てた瞬間です。

そして、大名に対して厳しくあたる武断政治から文治政治へと切り替わるのにともない、将軍も軍事指揮官から政治家へと変わりました（225ページの図）。

**門井**　政治と言っても、立法よりも行政に近い感じです。

**本郷**　その背景には、幕府に政治を求める世の中の要求があったと思います。その求めに応じる形で、政治家である吉宗が紀伊藩での業績を引っ提《さ》げて、江戸城に入ってきた。それまでの幕府では、将軍はお飾りで、政治は老中たちに任せておけばよかった。ところが、吉宗は自ら政治をやろうとした。その意味では、政治家としての将軍という特徴がもっともよく出ている人です（同図）。

**門井**　吉宗は外から将軍家に乗り込んできたわけですから、それまで江戸城を支配していた旧勢力との間に、権力闘争が生じました。その旧勢力の象徴が新井白石です。吉宗は「学者のくせに政治に口を出すな」みたいな感じで白石を罷免《ひめん》しましたが、白石は処刑や追放されることなく、幸福な晩年を過ごしています。

私は、白石は日本の歴史のなかでもっとも文章の上手な政治家だと思っています。白石の随筆『折《おり》たく柴《しば》の記《き》』は散文詩と言ってもいいぐらいに巧《うま》い。語彙《ごい》が豊富で、しかも言葉の選び方が適切なのです。いっぽう、一種の報告書である『西洋紀聞《せいようきぶん》』の表現は具体的、かつ読ませる。いずれも名文です。

本郷　やはり一角《ひとかど》の人物ですよ。

## 享保《きょうほう》の改革への厳しい評価

本郷　試験勉強で覚えさせられたので記憶している人も多いと思いますが、江戸幕府の三大改革は、吉宗による享保《きょうほう》の改革（一七一六～一七四五年）、老中首座・松平定信《まつだいらさだのぶ》による寛政《かんせい》の改革（一七八七～一七九三年）、老中首座・水野忠邦《みずのただくに》による天保《てんぽう》の改革（一八四一～

将軍権力の変遷②

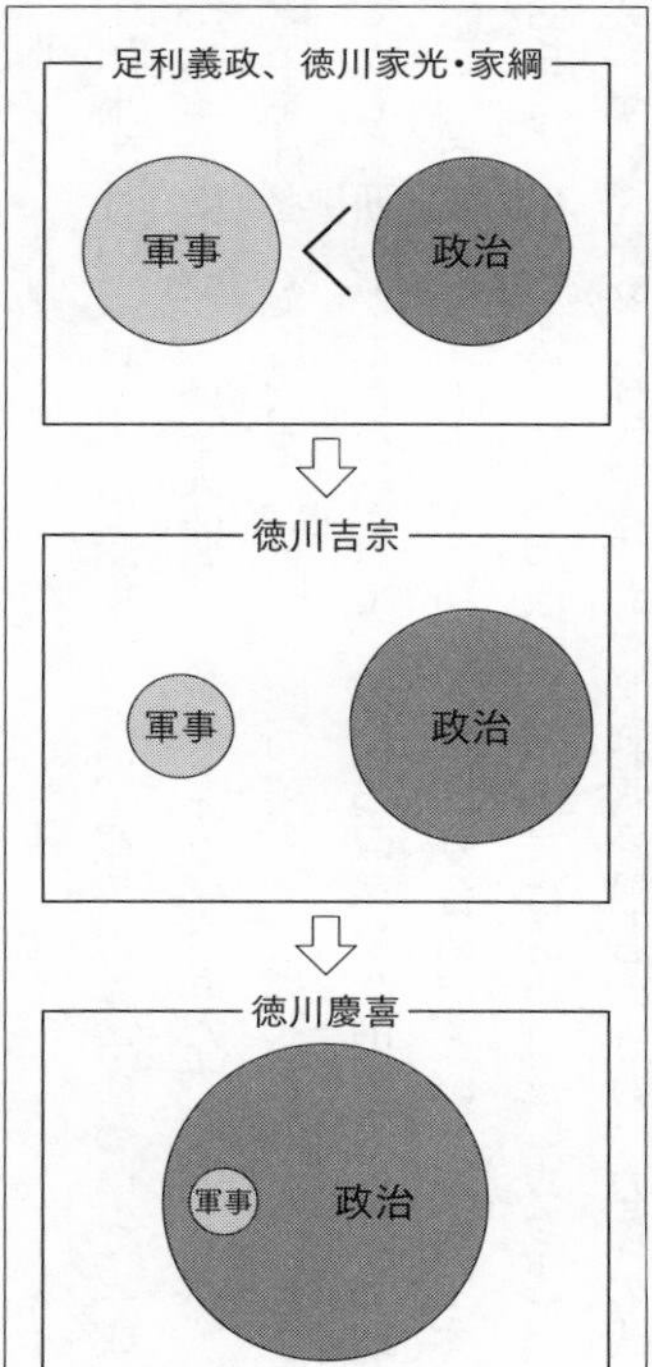

一八四三年）です。

山川出版社の『日本史用語集』には、寛政の改革について「成果は十分にはあがらなかった」、天保の改革は「失敗し、幕威を失墜させた」と記されています。いっぽう、享保の改革を行なった吉宗を「幕府中興の英主《えいしゅ》」と持ち上げています。

しかし、研究が進むにつれて、享保の改革は失敗も多いことがわかってきました。今では一〇〇点満点で六五点ぐらい、ぎりぎり合格点という評価です。ちなみに寛政の改革は不合格（六〇点以下）、天保の改革に至っては赤点《あかてん》（三〇点以下）です。

**門井**　ずいぶん辛《から》い採点ですね。教科書を読むかぎり、享保の改革はそれまでの幕府政治に比べて、いちじるしく庶民向けになった印象を受けます。具体的には目安箱《めやすばこ》の設置であり、米価格の調整などです。

吉宗は部屋住みから将軍になったので、民衆の心や生活を推《お》し量《はか》ることができたと言われますが、トップが打ち出した政策を民衆まで広く実施するだけの官僚体制が整っていたとも言えます。鎌倉幕府と室町幕府は武士の利益代表的な側面が強く、民衆への目配りはほとんどしていません。初期の江戸幕府も大名や朝廷・公家、寺社への統制に注力し、民衆に目を向けていない。それが、吉宗あたりから民衆への政策が増えていきました。それは、吉宗というよりも、幕府そのものの政治機構としての完成度が高まっていたから可能になったのです。

**本郷**　吉宗の事績のなかで、私が注目するのは次の三つです。ひとつ目は成文法である公《く》事方《じかた》御《お》定書《さだめがき》の編纂で、寛保《かんぽう》二（一七四二）年のことです。幕府がそれまでに行なった裁判の判例から、裁判や刑の基準を定めたわけです。判例が重要なのは、事件が起きた時、過去の判例から同様の事例を導き出し、同じような刑罰にすることができるからです。

驚くべきことに、それまでは民衆を律する法令が存在していませんでした。大名に対しては武家諸法度《ぶけしょはっと》が、朝廷・公家に対しては禁中並《きんちゅうならびに》公家諸法度《くげしょはっと》があります（ともに一六一五年制定）。しかし、民衆に対しての法令がないのです。

それまでは、法は少なければ少ないほどよいとされました。これは、幕府が重んじた儒学の考え――法とは「嘘をついてはいけない」「殺してはいけない」「傷つけてはいけない」の三つでいい――に則《のっと》ったものです。それだけでなく、おそらく法を定めることによって、逆に幕府がそれに縛られることを嫌がったのでしょう。自由に処罰できるほうが、都合がいいですから。

元禄十四（一七〇一）年、赤穂《あこう》藩主・浅野長矩《あさのながのり》（内匠頭《たくみのかみ》）は江戸城内で吉良義央《きらよしなか》（上野《こうずけの》

介《すけ》）に斬りつけ、切腹となりました。歌舞伎『仮名手本忠臣蔵《かなでほんちゅうしんぐら》』の元となった、赤穂事件です。その翌年、大石良雄《おおいしよしお》（内蔵助《くらのすけ》）ら赤穂浪士たちは、吉良はお咎《とが》めなしでわが藩主が切腹という裁《さば》きに納得できず、吉良邸に討ち入りました。

大石らの考えの元には、武家の慣習だった喧嘩両成敗《けんかりょうせいばい》があります。しかし、考えてみてください。喧嘩両成敗というだけで、加害者・被害者双方が切腹になったら、たまったもんじゃない。

**門井**　どちらが正しいか、なぜそうなったかをきちんと調べて裁《さば》きを下してくれないと、おかしなことになりますよね。喧嘩両成敗という慣習が続いていること自体、政治権力としては恥ずかしいことです。吉宗の頃から、ようやく法への認識が出てきたのです。

## 「人」ではなく、「役」が大事

**本郷**　私が注目する事績の二つ目は、享保八（一七二三）年に施行された足高《たしだか》の制です。これは、たとえば町奉行＝三〇〇〇石など役職の石高を決めて、それを下回る者が就任する時には在職中だけ補塡《ほてん》する制度です。

それまで、幕府の仕事は世襲、すなわち家柄で引き継がれてきました。これだと、どんなに有能な者でも世襲されてきた役職、あるいはそれと同等の役職にしか就《つ》けません。幕府の側も、高位の役職に就けるには加増しなければならない。これを能力に応じて抜擢し、役職を下りたら元のサラリーに戻るようにしたのです。身分制によって職務が縛られていたものを解放とまでは言えないまでも、ゆるめたわけです。

この制度による抜擢で有名なのが、大岡忠相《おおおかただすけ》（越前守）です。忠相は家督を継いだ時は一九二〇石の旗本であり、しかも無役でした。そして書院番《しょいんばん》からスタートすると、徒頭《かちがしら》、使番《つかいばん》、目付《めつけ》、山田奉行《やまだぶぎょう》と出世を重ね、テレビ番組等でも知られる江戸《えど》町《まち》奉行に就任します。この間、足高の制により加増されています。

しかも、在職期間が長く、功績が大きいということで、引退後は一万石の西大平《にしおおひら》藩主になっています。忠相の子孫は、その後も同藩の藩主を務めて幕末を迎え、明治維新後は華族に列せられ、子爵《ししゃく》になっています。

**門井**　抜擢の制度化ですね。抜擢された人のモチベーションは高まったでしょうね。逆に、家柄にあぐらをかいていた連中には緊張感をもたらしたに違いない。

**本郷**　第五代将軍・綱吉《つなよし》に引き上げられた柳沢吉保《やなぎさわよしやす》（小納戸役《こなんどやく》・約五〇〇石から側用人《そばようにん》を

経て老中格。一五万石の甲府藩主）のように、それまでは有能な人間を一本釣りしていました。これをシステム化したわけです。その地位にいる時はこれだけのサラリーを支払うけれども、その地位を退いたら元に戻すというのは、日本史上はじめてです。

**門井**　「人」ではなく「役」に対して報酬を払う発想ですね。

## 徳川第二王朝

**本郷**　私が注目する事績の三つ目は、三卿《さんきょう》（御三卿《ごさんきょう》）の設立です。田安《たやす》家（初代は吉宗の次男・宗武《むねたけ》）、一橋《ひとつばし》家（四男・宗尹《むねただ》）、清水《しみず》家（孫・重好《しげよし》）は、御三家とともに将軍になる「家」とされました。

三卿は藩を持つことなく、大名の扱いを受けませんでした。幕府より各一〇万石を支給され、江戸城内に住むことが義務づけられました。家臣も旗本からの出向が多く、軍役も想定されていなかったようです。

源頼朝が在地領主＝武士から支持され、担がれたのは、彼らの土地を安堵し、朝廷からの防波堤になったからです。御三卿の領地は点在しており、一〇万石もサラリーとして受け取るような形式でした。つまり、土地とは切り離された、完全なるサラリーマン武家です。さらに軍事も放棄している。武家というより公家に近い。

天皇家には宮家というシステムがあり、天皇家に皇位継承者が見あたらない時に皇位を継ぐことができました。御三卿はこれに似ています。それだけ幕府の体制が成熟したと言えますし、平和が続いたとも言えます。

**門井**　もともと、徳川宗家に将軍の後継者がいなかった時のために御三家があった。吉宗はその御三家から出てきて、将軍になった。ところが、新たに御三卿をつくり、自分の子孫が将軍になる道筋をつけた。実際、吉宗以降、第十三代将軍・家定《いえさだ》まではすべて吉宗の血筋でした。ある意味で、徳川第二王朝と言えませんか。

**本郷**　吉宗も、将軍後継者を選ぶ時、かなり悩んだようです。息子三人のうち、宗武と宗尹は優秀でしたが、長男・家重《いえしげ》（のちの第九代将軍）はなかなか寝小便が治らなかった、言葉が出るのが遅かったなど公《おおやけ》にしづらい話があったようです。能力で選ぶか、家康以来の長子相続の方針を貫《つらぬ》くのか相当悩んだ末に、家重を後継者に選んでいます。

ですから、御三卿というしくみを作って、長子が将軍を継ぐとともに優秀な血縁者がそれを支える体制を固めたわけです。もしかしたら、自分の血統で将軍を継続させたいという生物学的欲求と言うか、ボスザル的なところがあったのかもしれない。

**門井**　吉宗は能力で将軍職を勝ち取った面があるいっぽうで、御三家に生まれたからこそ将軍になれた面もある。ですから、能力があまり高くない長男に将軍を継がせようという時、ポイントは部下だったと思います。もし凡庸《ぼんよう》な部下ばかりだったら、優秀な子に将軍を継がせたかもしれません。

**本郷**　そこのところはわかりませんが、足高の制を作って、能力のある人間を抜擢するシステムの整備に力を注いだこととセットで考えてもいいかもしれません。

**門井**　もしかすると吉宗は紀伊藩で部屋住みの頃、父親とあまり接点がなかったかもしれません。それが、江戸に移って家重が生まれたので、息子と接する機会は自分の時より多かったかもしれない。そうなると、わが子への愛情はこまやかになったでしょうね。

**本郷**　私にもひとり息子がいますが、これが可愛いんだなあ。

**門井**　プロ経営者が一番気を遣《つか》うのが、創業家です。大株主の意向は無視できません。吉宗は紀伊藩出身ですから、徳川宗家や尾張藩から「うちのほうが本流だ」と言われたり、態度で示されたりしたかもしれません。もしそうであれば、「おまえらには将軍は渡さん」という反発心が芽生えた可能性もあります。

**本郷**　私の義父は中小企業の経営者なのですが、妻によれば、中小企業の経営者というのは息子に会社を継がせることばかり思い描いていると言うのです。やはり、息子にバトンを渡して事業を存続させることが最重要なのです。
**門井**　吉宗の側近たちも、ゴマすりもあって長子相続を進言したでしょう。
**本郷**　その意味では、世襲を維持するピラミッドができていましたし、そのピラミッドを作ることが政治家の重要な仕事になります。それがあれば、自分ができなかったことを次代に託すことができますから。

## 権力と財力の分断

**本郷**　江戸幕府と鎌倉幕府・室町幕府との大きな違いは、日本全国を統治していることです。その支配力も強かった。鎌倉幕府はそこまで考えていませんでしたし、室町幕府は尊氏の時にいちおう考えたけれども、義満の時に東日本（関東地方・東北地方）を切り離しています。それに対して、江戸幕府は豊臣秀吉が成し遂げた天下統一を引き継ぎ、日本列島全体に責任を持つ体制を取りました。

特筆すべきポイントは、外様《とざま》大名には豊かな領地を与えても政治に口を出させず、譜代大名には政治に関与させても領地を与えなかったことです。金を持っている者は政治ができず、政治をする者たちは金がない。これでは幕府を倒すことはなかなかできないでしょうし、政情も安定します。

**門井**　室町幕府では、山名氏清《うじきよ》に代表されるように、広大な領地を持った守護大名が管領《かんれい》や侍所の長官となって政治の実権を握ったために、大名どうしの権力闘争と反乱が繰り返されました。そうならないように、家康が江戸幕府のデザインをする時に考えたのでしょう。ここにも、歴史に学ぶ家康の姿があります。

**本郷**　幕府ができたばかりの頃までは、徳川家臣団のなかで軍事的能力に秀《ひい》でた人たち（武官）が家康を支えましたが、その後、伊奈忠次など政治や行政に役立つ人材（文官）が出てきます。しかし、彼らのサラリーは低く抑えられました。幕府を存続・継続させるには、政治を行なう者が野心を持たないようにしなければならないと家康は考えたのだと思います。

また、鎌倉幕府における北条氏のように、特定の一族に権限を与えることもしませんでした。譜代大名をいい意味で競わせたのです。たとえば、「徳川四天王」として家康を支えた四人を見ると、酒井忠次《さかいただつぐ》が臼井《うすい》三万七〇〇〇石(嫡子・家次《いえつぐ》の時代)、本多忠勝《ほんだただかつ》が大多喜《おおたき》藩一〇万石、榊原康政《さかきばらやすまさ》が館林《たてばやし》藩一〇万石、井伊直政《いいなおまさ》が箕輪《みのわ》藩一二万石など、いずれも二〇万石以下です。

彼らの子孫を含め、江戸時代に老中や大老《たいろう》を独占した家はありません。もし、江戸幕府に北条氏のような一族が存在していたら、吉宗は殺されていたかもしれませんし、そもそも吉宗のような将軍は誕生していなかったでしょう。

## 将軍機関説

**門井** 江戸幕府は、結果的に鎌倉幕府・室町幕府よりも長く続いたわけですが、その理由を図式的に言うならば、単なる権力から権力機構に変わることに成功したということになります。

江戸幕府では、将軍が亡くなった時に死を隠し、死亡日を調整することもありました。逆に言えば、死亡日の調整までして空位期間を作らない配慮をしていた。将軍がいなかったこともある室町幕府とは、大いなる違いです。現代の行政機関では、たとえば首相が急死しても国務大臣が臨時代理として空位期間を作らない工夫がされています。日本の歴史のなかで、このしくみは徳川将軍から始まったと言っていいでしょう。

そして、将軍のみならず機構全体において、能力がない人がトップに就《つ》いても、それなりに機能を果たすシステムが整った。近代的官僚制と同質のものができたということでしょうか。

**本郷** そうですね。江戸幕府や藩という行政組織や、その統治があったからこそ、中央集権か否《いな》かの違いはあるにせよ、明治維新後に政府から企業までうまくいったのかもしれません。つまり、組織運営を身につけていた。

足高の制を見てもわかるように、システムの確立にともない、地位というものが整備されてきた。実力だけではなくて、将軍の地位というものも重要であることが再認識されたわけです。地位という概念が日本社会に定着し始めたのが、ちょうどこの頃ではないかと思います。

**門井** 将軍個人よりも、将軍の地位が意味を持つ。言うならば、天皇機関説（法人としての国家が統治権の主体であり、天皇は国家の最高機関とする憲法学説。大正期に美濃部《みのべ》達吉《たつきち》らによって唱えられた）ならぬ、将軍機関説のようなものですか。

**本郷**　それは斬新なとらえ方ですね。もちろん、まちがっていません。

**門井**　将軍家でそうだとすると、全国の諸藩においても同じことが起こっていたでしょう。

**本郷**　藩主が有能でなくても、いてくれればいいという体制ができてきた。つまり、制度として固まったということです。

## 吉宗には見えていなかった幕府の限界

**門井**　十五代続いた徳川将軍のなかで、吉宗はちょうど折り返し地点になります。私は、ここで江戸幕府の限界が露《あら》わになったと考えています。

吉宗は変動する米価の安定に力を注ぎ、「米将軍」と呼ばれましたが、これは、実は当時の庶民の悪口でした。逆に言えば、三大改革で唯一の合格点を取った吉宗があれだけ努力してもだめなのだから、米経済だけでは立ち行かないことが常識となったとも言えます。

**本郷**　鎌倉時代の初期は、土地のやりとりが主でした。しかし、後期になると商品経済が進み、御家人たちが所領を売却・質入れするようになります。この問題が大きくなったため、幕府は永仁《えいにん》の徳政令を出しますが、混乱を招いて一部分は撤回しています。

鎌倉幕府を滅ぼした尊氏は、経済の中心である京都を押さえることが重要と考え、京都に室町幕府を開いた。室町時代、戦国時代を経て商品経済はいっそう進みますが、貨幣の流通量はそれほど多いものではありませんでした。秀吉が造った天正大判《てんしょうおおばん》は進物用であり、実用ではありません。

江戸時代になると、貨幣が本格的に流通するようになります。石高はその土地の米の生産力を表わすものであり、どれだけ兵隊を養えるかの目安となりました。そのまま大名の実力を示したのです。しかし、吉宗の頃から、石高は米の生産量から土地につける値段に変わったのです。

**門井** 江戸時代に入ると、大坂や江戸では米を換金するようになりました。君主にとっては、米だけでなくお金のことも考えないと立ち行かないことが白日《はくじつ》の下《もと》にさらされた。逆説的ではありますが、吉宗は米にこだわったことで、江戸時代の経済の変化を広く知らしめる最初のひとりになったのです。吉宗のあとに政治を行なった田沼意次には、それが見えていたと思います。

**本郷**　三代改革の基本は質素倹約です。質素倹約はリストラと同じです。人を減らせば人件費は浮きますが、仕事量も減っていくわけだから先はない。だから、パイを大きくすることが本当の経済政策であって、吉宗はそこがわかっていなかった。その後、門井さんも指摘した田沼意次が経済政策に取り組みますが、いわゆる賄賂《わいろ》政治が発覚して潰されてしまいました。

**門井**　おそらくあの当時、幕閣で経済がわかっていたのは田沼意次ぐらいではないでしょうか。逆に、吉宗は米経済にこだわった最後の人だった。初代・家康が江戸に本拠をかまえて、農本主義を採りましたが、ちょうど真ん中の第八代・吉宗の頃に、これが限界であることが明らかになったというわけです。

## 江戸幕府崩壊の要因

**本郷**　政治権力が崩壊する時、ひとつの目安となるのが内部崩壊です。そうだとすると、天保八（一八三七）年の大塩平八郎《おおしおへいはちろう》の乱は重要です。大塩は大坂町奉行所の元与力《よりき》、今で言えば大阪府警の元キャリア官僚ということになりますが、「このままでは人々の暮らしが立ち行かない」と乱を起こしたのです。

大坂は当時、日本で一番進んでいた都市ですから、それが周辺に広がり、もし全国津々浦々で起きていたら、国家体制の転覆につながったはずです。しかし、事態を重く見た幕府によって、半日で鎮圧されてしまいました。

門井さんはさきほど米経済について話されましたが、平八郎が立ち上がったきっかけは、米の配分のまずさでした。やはり、制度疲労が起きていたのでしょう。

**門井**　農本主義と重商主義の相克《そうこく》でもありますね。大塩平八郎の乱の一六年後、たった一六年後にすぎないんですが、嘉永《かえい》六（一八五三）年のペリー（アメリカ東インド艦隊司令長官）の来航によって、一挙に幕府の崩壊へと突き進んだ感があります。

**本郷**　こうして、江戸時代を通して見ていくと、吉宗の登場とその改革は幕府の延命にはつながったけれども、決定的に幕府の命運を左右するところまではいかなかったと考えます。だから、享保の改革は六五点なのです。

**門井**　そもそも、日本は抜本的な改革をしない国なのではないでしょうか。大きく変えずにチマチマ変える。

**本郷**　そうですね。だから、外圧でしか大きな変革は起きない。もしペリーが来なかったら、江戸幕府はさらに続いていた可能性があります。勝海舟《かつかいしゅう》や小栗忠順《おぐりただまさ》（上野介《こうずけのすけ》）のような優秀な人材を使って改革を進め、外見は江戸幕府だけれども、中身はまったく変わった政権になっていたかもしれません。

## 時代遅れになった将軍権力

**本郷**　将軍権力は政治と軍事から成立していますから、当然ながら経済が入っていません。経済が世の中を動かす時代に入ると、将軍が権力機構のトップであることが時代にそぐわなくなっていく。「米将軍」と呼ばれた吉宗の苦労も、ここにあるわけです。

江戸時代も中期になると、大坂商人たちの間に、世の中はこうあるべきだとの考え方が熟成され、さらに道徳的なものになっていきました。その代表とも言えるのが、大坂商人出身の学者・山片蟠桃《やまがたばんとう》です。

蟠桃は、著書『夢の代《ゆめのしろ》』において唯物論・無神論（無鬼論）を主張し、自由経済政策を説いています。吉宗など幕府の米価政策を批判したわけです。十八・十九世紀の封建制下、しかも諸外国との交流・交易がきわめて制限されているなかで、この思想が出てきたことは驚異的です。それだけ貨幣経済が進展し、それにともなって経済のパイも拡大していた。少なくとも大坂では。

私たちは、吉原《よしわら》で豪遊した紀伊国屋文左衛門《きのくにやぶんざえもん》やガラス天井を造って金魚を鑑賞した淀屋《よどや》辰五郎《たつごろう》など、豪商たちの派手な行動に目を奪われがちですが、商人の多くはそんな馬鹿なことはしません。多くの商家には家訓が残っており、そのひとつに「始末《しまつ》」があります。始末とは文字通り、始めと終わりを整えること。つまり、お金《かね》の出入りをきちんと管理して倹約するが、自分にとって社会にとって必要なお金は使うということです。ここには、自律の精神も含まれています。

「士農工商《しのうこうしょう》」という用語は、教科書から排除されてしまいましたが、武士が支配階層であり、農本主義を採った江戸幕府では、商売を下に見る風潮がありました。これに対して、商人の側に「そうではない。商売をすることが世の中をよくする」という感覚が生まれてきたわけです。

吉田兼好は、『徒然草』において、蓄財する大福長者《だいふくちょうじゃ》を愚《おろ》か者としました。しかし、大福長者自身は「お金を貯《た》めないと世の中に還元できない」と主張している。その延長線上に、大坂商人たちがあると思います。

**門井**　経済が世の中を変えていくということですか。

**本郷**　そうです。幕末に近づくにつれ、その考えが日本全国に広まっていきました。同時に、儒学とは一線を画す石田梅岩《いしだばいがん》の心学《しんがく》（商売の正当性や商人の存在意義を主張し、倹約や正直などの町人道徳を説いた学問）なども広がりました。経済に対する考え方も成熟し、商人道徳が明確なものになっていく。

井上章一《いのうえしょういち》さん（国際日本文化研究センター教授）は、私との対談（井上章一・本郷和人著『日本史のミカタ』）のなかで、「明治維新は大坂商人たちのブルジョア革命である」と主張しました。それを聞いた私は「そういう見方もあったのか」と、目から鱗《うろこ》でした。井上さんによれば、明治維新の時に新政府軍の財政を支えたのは大坂商人であり、大坂商人は単なる儲け先ということだけでなしに、資金を拠出したのです。

**門井**　それは、独創的な説ですね。でも確かに、大久保利通《おおくぼとしみち》などは一時、東京よりも大坂に首都を置こうと主張していました。

**本郷**　こうした新しい時代の動きにどう対応するか、幕府はきちんと考えなければならなかったけれど、問屋制《といやせい》家内工業の段階にとどまっていて先に進むことができなかった。農本主義を採り、儒学を掲げて政治を行なった。今さら商業を重視するとは言えなかった。

大坂で経済が発達し、商人たちが育ってきているにもかかわらず、旧態依然として政治や軍事の権力を行使しようとしている将軍は、時代遅れの存在だったのです。

**門井**　元禄時代、上方にはすでに井原西鶴が出ていました。西鶴の著作『日本永代蔵《にっぽんえいたいぐら》』や『世間胸算用《せけんむねさんよう》』には町人たちの姿が生き生きと描かれています。商業は善であり、道徳となり、さらにはエンターテインメントになった。そして、文化・文政時代になると、江戸にもその波が押し寄せてくるのです。

もしかすると、将軍の姿は早い段階で時代遅れになっていたかもしれません。それが、たまたま吉宗が米価の操作に失敗した時に露わになった。米が軍事力を表わすものから、経済力を表わすものに変わり、その存在をお金が上回った。

**本郷**　それはおもしろい見方ですね。

**門井**　日本が島国だったことも、影響をおよぼしているかもしれません。江戸時代には東廻り航路（東北→江戸）、西廻り航路（東北→大坂）ができて、相当重い品物を運べるようになりました。米をわざわざ大坂に運んで貨幣に換えるのは面倒です。だから、貨幣経済が全国的に発達するはずだったのに、水運の発達で米の運搬が比較的容易になり、大坂と江戸に集中した。国土が小さかったことが、日本ならではの歴史風景を作りましたが、同時に貨幣経済の発達を遅らせたという意味では災《わざわ》いしたと言えるかもしれません。

**本郷**　その流れを察知して、吉宗が経済にまで目配りをしていれば、日本史が大きく変わった可能性があります。田沼意次のような人材を登用して、経済のパイを大きくするように政策転換していれば、また違った展開になっていたと思います。

ただ、家康が江戸に本拠を置いた時から幕府の性格や方針、すなわち農本主義に定まったわけですから、よほどのことがなければ変えられなかったかもしれません。もし、家康が「一〇〇年後には社会が変わっているだろう。その時は、俺のしたことにとらわれず、新しいことにチャレンジせよ」という遺訓を残していれば、違う流れになったかもしれません。

農本主義のラストランナーであり、それに則った改革を行ない、幕府を延命させ、太平の世を二六〇年間続かせたことが、吉宗が日本史に果たした役割と言えそうです。

第八章

# 徳川慶喜

——英明か、凡庸か。勝利者か、敗残者か

## 幕府初期に逆戻り

**本郷**　徳川慶喜（一八三七〜一九一三年）は、水戸藩主・徳川斉昭の七男として江戸で生まれ、一一歳の時に幕府の命により、御三卿のひとつ一橋家を継いでいます。幼い頃から英明だったことが想像できます。

**門井**　私の名前は本名です。父から一字、徳川慶喜からは二字もらっています。慶喜は賛否両論ある人物で、今は大変興味深いのですが、子どもの頃は龍馬《りょうま》（坂本《さかもと》）のほうがよかったなあと思うこともありました（笑）。

慶喜が江戸の政界にデビューした頃、「神君《しんくん》・家康公の再来」「家康以来の英傑《えいけつ》」などと言われました。吉宗以来ではなく、家康以来なのです。

**本郷**　吉宗はあまり評価されていなかったのです。少なくとも、教科書ほどには。

**門井**　私たちは民主主義の世界に生きていますから、吉宗による目安箱の設置や、青木昆陽《あおきこんよう》を登用しての飢饉に備えた甘藷《かんしょ》（サツマイモ）栽培など、民衆への目配りをした将軍と思っていますが、江戸末期にはそれはあまり評価されなかったのでしょう。民衆への目配りや内政よりも、国難に打ち勝つ、もっと言えば戦いに勝利することが評価される時代がふたたび巡ってきたのではないか。当時の人たちの素朴な期待の表われとして、「家康公以来」という言葉が出てきたと思います。

幕府の権力機構は、前期にはいろいろな出自の人がいました。たとえば、前述の新井白石は儒学者でしたし、間部詮房《まなべあきふさ》は猿楽師《さるがくし》（役者）でした。言うならば、アーノルド・シュワルツェネッガーがカリフォルニア州知事になるようなものです。

**本郷**　それは言い得て妙だなあ（笑）。

**門井**　しかし、幕末になると、政治の表舞台に出てきたのは堀田正睦《ほったまさよし》（老中首座）、井伊《いい》直弼《なおすけ》（大老）、安藤信正《あんどうのぶまさ》（老中首座）らであり、その名字だけ見るならば、まさに家康以来です。つまり、先祖返りした。そこには、幕府という機構全体が原点に戻る、あるいは戻ろうとする強い推力を感じます。ペリー来航で新しい時代が到来したから、新しい権力者像を求めようとするのではなく、二六〇年前の権力者像を求めたわけです。

**本郷**　時代は、尊王攘夷の嵐が吹き荒れていました。江戸幕府二六〇年を経て、すっかり政治家となっていた将軍に、軍事指揮官としての役割が求められたとも言えるでしょう。

**門井**　尊王攘夷というスローガンは勇ましく聞こえますが、実際には外国の船が来たら追い返そうというだけです。つまり、「国土を守ろう」と言っているわけで、あたりまえのことにすぎない。当時のもっとも過激な志士ですら、「アメリカに攻め込もう」「ハワイを取ってやれ」などとは一ミリも思っていなかったでしょう。その意味では、発想のスケールは小さい。

いずれにせよ、祖国防衛という目的のために、家康がふたたび脚光を浴びることになったことは確かです。

## 徳川家茂が将軍になった理由

**本郷**　第十三代将軍・家定には子どもがいなかったので、次の将軍を誰にするかで二派に分かれての権力闘争が起こります。いわゆる将軍継嗣《けいし》問題です。この時、慶喜を推《お》したのが越前藩主・松平慶永《よしなが》（春嶽《しゅんがく》）と薩摩藩主・島津斉彬《なりあきら》ら（一橋《ひとつばし》派）でした。いっぽう、彦根《ひこね》藩主・井伊直弼ら譜代大名たちのグループ（南紀《なんき》派）は紀伊藩主・慶福《よしとみ》を推しました。

結局、慶福が選ばれ、第十四代将軍・家茂となりました。安政《あんせい》五（一八五八）年のことです。家茂は家柄も人柄も良かったようですが、取り立てて能力が高かったわけではない。いっぽうの慶喜は英邁《えいまい》な人物とされていたのに選ばれなかった。もし家茂が二一歳で亡くならずに長生きしていたら、慶喜の出番はなかったでしょう。国難が迫っているというのに、幕閣たちは不感症というか、旧態依然たる考えが罷《まか》り通っていたことに呆《あき》れます。

**門井**　攘夷派と開国派に分ければ、慶喜は攘夷派でした。バックに父親の徳川斉昭が控えており、「慶喜を将軍にすれば外国船を打ち払ってくれる」という期待が高まっていた。いっぽう、慶福のバックにはハリス（アメリカの外交官）と交渉している井伊直弼がいたので、開国ですね。

ですから、松平慶永と島津斉彬らの考えとは別に、民衆の期待は慶喜に集まりました。ということは、慶喜は現実的にも社会心理的にも有利な状況にあった。それをひっくり返したのが大老・井伊直弼です。直弼は、自分はまちがったことをしていないと思っていたはずです。

**本郷**　幕府の政務を統括する常置の最高職が老中であり、非常時の時だけ老中の上に置かれたのが大老です。江戸時代二六〇年間で老中は一〇〇人以上いましたが、大老は一二人を数えるのみ。ただし、システムとしての幕藩体制が確立されたあとは、大老にあまり権力を持たせない傾向が強まっていました。
第四代将軍・家綱の時の大老・酒井忠清《ただきよ》は自分のもとに権力を集中させ、「下馬将軍」などとも言われましたが、最終的には賄賂政治で罷免されています。これ以降、ひとりの人間があまり権力を持ちすぎると危ないという知恵が働くようになった。井伊家では直弼を含めて六人の大老を輩出していますが、直弼以外は地味な人たちばかりです。
**門井**　直弼だけは、大老であることを根拠にガンガン強権を振るいました。
**本郷**　その意味では、とても変わった人でした。そして、リーダーシップを発揮するうえで慶喜は邪魔でした。直弼にとっては、将軍は昔ながらのお飾りがよかったのです。

## チャカボン・井伊直弼

**本郷**　井伊直弼は安政五（一八五八）年から翌年にかけて、尊王攘夷派を処罰しました。その対象は、外様大名はもちろん、徳川氏一門である親藩《しんぱん》や公家にまでおよび、処罰者は一〇〇人以上、吉田松陰や橋本左内《はしもとさない》らが刑死しています。いわゆる安政《あんせい》の大獄《たいごく》ですが、これは弾圧以外の何ものでもありません。

確かに国の危機であり、国内が二分されている混乱状態ですが、ここまで強権を振るう必要があったとは思えないし、むしろ混乱を深めてしまいました。幕末といえども、それまでは比較的穏やかに流れていましたが、ここから一気に血《ち》なまぐさくなっていきます。

**門井**　この弾圧を行なった直弼の心性《しんせい》とはどのようなものか。それを解くヒントは、彼の生い立ちにあるような気がします。

直弼は彦根藩主・井伊直中《なおなか》の息子として生まれますが、ほぼ末っ子に近い十四男。しかも母親が側室なので、何と三二歳まで部屋住みでした。直弼は、その時に居住した屋敷を、世間に出ることなく埋もれている自分の境遇に重ねて「埋木舎《うもれぎのや》」と名づけています。ただ、聡明で勉学好きだったようで、国学《こくがく》（日本の古典を研究し、民族精神を究明する学問）を熱心に学び、和歌や茶、鼓《つづみ》なども嗜《たしな》んでいます。それら趣味に没頭する姿から、「チャカポン」などと言われていたそうです。茶と歌に没頭するお坊っちゃん、ないし凡人というところでしょう。

このまま終われば、やや偏屈《へんくつ》だけど学問好きで多彩な人物として、文字通り埋もれていたでしょうが、藩主である兄が亡くなり、その世子《せいし》（大名などの跡継ぎ）までが早世すると、直弼に藩主の座が回ってくる。そして、彦根藩主として藩政改革を成し遂げると、江戸城内でも存在感を発揮して、ついに大老に就任するのです。

この経歴は、第八代将軍・吉宗と酷似しています。一生部屋住みで終わるはずだったのが、藩主となり、将軍もしくは大老となった。直弼も吉宗のような絶頂感を抱いたに違いありません。その雌伏《しふく》期間の長さからも、「埋木舎」と名づける性格からも、反動が大きかったことは容易に想像がつきます。ちなみに、直弼が妻を娶《めと》ったのは、藩主就任二年後の三八歳。当時としては、超晩婚です。

しかし、直弼は吉宗とは異なり、人を支配する方向に行った。責任感も強かったでしょうが、藤原道長に近いように思います。吉宗のように民衆を見ることなく、政敵を倒す方向に一直線に進み、安政の大獄に至るわけです。

### 痛恨のミス

**本郷**　安政の大獄に至るきっかけのひとつが、安政五（一八五八）年に幕府が結んだ日米修好通商条約です。孝明《こうめい》天皇の勅許を得ないまま結ばれたとして、猛反発を受けるのです。

**門井**　倒幕派が一気に勢いづきました。

**本郷**　江戸幕府の失敗は、ハリスとの条約交渉で朝廷にお伺いを立てたことです。外交権は幕府が持っているのだから、天皇に聞く必要はありません。しかも国防、つまり安全保障マターであり、軍事政権である幕府の専権事項です。

実際、幕府は文政八（一八二五）年、清《しん》とオランダ以外の船を撃退することを命じた無《む》二念打払令《にねんうちはらいれい》（異国船打払令）を出しましたが、この時は朝廷の意向など聞いていません。また、安政元（一八五四）年の日米和親条約締結に際しては、事後報告ですませています。では、なぜ日米修好通商条約の際には朝廷の意向を聞いたのか。

これは推測ですが、幕府は家康以来の祖法を変えることに不安を覚え、お墨付きが欲しかったのではないか。そして、孝明天皇もこの状況をわかっているだろうから「しかたがないよね」と言ってくれると思っていた。ところが、「何をやっているんだ」と糾弾されてしまった。この判断ミスがきっかけで幕府は倒れたわけです。まさに痛恨のミステイクです。

**門井**　最初に、朝廷に勅許を求めたのは老中首座の堀田正睦です。直弼はまだ大老には就任していませんでしたが、直弼も勅許なしの条約締結に反対していました。ここには、彼が学んでいた国学の影響もあるかもしれません。

堀田は、ハリスに「江戸で商売しても儲からないよ」などと言うのですが、ハリスは聞き入れない。そこで「天皇に許可を得ないと……」と渋《しぶ》る。ですから、時間稼ぎのために朝廷へのお伺いを立てた。つまり、引き延ばし工作だったと思います。

しかし、勅許を求める堀田からの申し出に、孝明天皇は拒絶。そして、直弼が大老に就任するのです。じらされていたハリスは「早く結ばないと大変なことになるぜ」と脅し、勅許を得ないまま日米修好通商条約が結ばれました。

## 大政奉還で返さなかったもの

**本郷**　慶応《けいおう》三（一八六七）年、慶喜は大政奉還《たいせいほうかん》を行ない、朝廷に政権を返上します。しかし、そもそも江戸幕府は朝廷から政治の権限を授けられていません。少なくとも、それに関する儀式は行なわれていない。
しかし、幕府が朝廷から政治を委任されたと考える研究者もいます。たとえば、家康が征夷大将軍に任命された時点で「政治はあなたがやってくれ」と委譲されたという言説は成り立ちます。

**門井**　それは以前からあった考えですか。

**本郷**　歴史的に見ると、幕府が政治を預かっているという考え方は江戸時代に生まれています。将軍権力はもともと朝廷のものだった――が第一段階。朝廷のものだった権力を将軍が行使しているのは朝廷から預けられたからである――が第二段階です。

主張したのは、尊王思想を説いた兵学家・山県大弐《やまがただいに》、神道家・竹内式部《たけのうちしきぶ》（敬持《たかもち》）らで、彼らは朝廷の権力を非常に高く評価しました。彼らは、のちの明和《めいわ》四（一七六七）年の明和事件（幕府への謀反）で、大弐は斬首、式部は流罪になっています。

幕藩体制に関する考え方も大きく変わりました。幕藩体制とは将軍の下に大名がいる、あるいは江戸幕府の下に諸藩があるという考え方です。その後、幕藩体制の上部に、つまり将軍の上に天皇がいるという考え方が出てきます。将軍は天皇に任命されるからこそ、将軍たりえるのだ、と。

**門井**　幕藩体制に正統性を与えるのは天皇であるというわけですね。

**本郷**　私の職場である東京大学史料編纂所の近世史研究者には、この考え方を取る人が多い。私はと言えば、「将軍権力の二元論」に戻るべきという主張です。将軍権力は軍事

（主従制的支配権）と政治（統治権的支配権）の二つから成立しています。では、大政奉還で朝廷に返したものは何か。

統治権的支配権（政治＝大政）を返したのは確かです。それは将軍が吉宗以来、政治指導者であったことを示しています。しかし、統治権的支配権は、二つの将軍権力のうちのひとつにすぎません。残る主従制的支配権（軍事）はどうなったか。

徳川将軍家と島津氏や毛利氏など外様大名との間の主従関係はなくなったのか否か、あるいは譜代大名との主従関係も終わったのか否か、その議論がない。

たとえば、幕末に彦根藩（井伊氏）や津藩（藤堂氏）が官軍に恭順の意を示した時、「将軍家の恩顧を受けていながら何だ」と非難されている。ということは、主従制的支配権がまだ消えていないと受け止められていたことになります。もし主従関係がなくなっていたなら、外様大名の仙台藩・米沢藩が中心になった奥羽越《おううえつ》列藩同盟が官軍に抵抗した意味がわからなくなります。

**門井**　吉宗の時に将軍が一種の役職となり、行政的なトップとしての実質を持ちました。それが民衆レベルにまで常識となった時、「将軍は朝廷から委譲された役職」というイメージが生まれたのではないでしょうか。

もし信長、秀吉、家康にインタビューして「あなたは朝廷から政権を任されたのですか」と聞いたら、三人とも「何言ってるんだ。俺が力ずくで得たものだ」と一喝したでしょう。その後、平和な時代になり、そこではじめて前述の解釈が生まれ、将軍権力は朝廷から委譲されたという机上の空論が成立したのだと思います。

**本郷**　その通り、まったくの机上の空論ですよ。

**門井**　将軍権力が委譲されたということは、天皇が幕藩体制の上位にあることを意味します。その理屈を真《ま》に受けたのが幕末の尊王論であり、ある種の国学であった。「奉還」という言葉は、そのイメージに配慮したものであり、慶喜自身は政権を投げ出した意識はあまりなかったのではないでしょうか。

なぜなら、「政権を返す」と言っても、ファイティング・ポーズを解いていません。慶喜は「朝廷や公家は七〇〇年近く政治を行なっていない。ノウハウもないだろうから、結局はこちらに泣きついてくるに違いない」と高《たか》を括《くく》っていました。そのために新しい政権構想を準備し、西周《にしあまね》（啓蒙思想家。のちに明治政府にも出仕し「軍人勅諭」を起草）に作成を命じています。

だから、慶喜の大政奉還は一種のポーズであり、世間のイメージに合わせて行なっただけであって、政治的なカードの一枚にすぎないというのが、私の見立てです。

**本郷**　その見方は正しいと思います。

## 将軍権力の変質

**門井**　ところで、慶喜が大政奉還を行なったのは二条城《にじょう》（現・京都府京都市）であると勘違いしている人が多いようです。教科書にはかつて、二条城で諸侯が頭を下げている絵が掲載されていました。これは実は当日ではなく、大政奉還の前日、各藩の代表を集めて意見を聞いた時のものです。

慶喜が「大政奉還しようと思っているが、どう思うか」と聞いたところ、反対する人もおらず、そのまま通っています。俗に、江戸三〇〇諸侯と言いますが、二条城に来たのは五〇人ほど。しかも、大名本人ではなく、家老が来ているケースもありました。大政奉還が行なわれたのはその翌日、京都の御所においてです。

**本郷**　慶喜は大政奉還の時点で、政治は諸侯会議を通して行なわれ、自分はその議長として政治にかかわることを考えていました。慶喜が率いる徳川将軍家は四〇〇万石ですから、薩摩藩七七万石や長州藩三六万石などの雄藩《ゆうはん》（幕末に藩政改革に成功し幕政に大きな影響力を持った藩）と比べても、桁違いの大藩です。誰が考えても徳川家がトップですから、議長になることが自然の流れです。

ということは、慶喜は毛利氏や島津氏とは主従関係が切れたと考えていたことになります。また、足利義満の頃、将軍権力は政治と軍事が両輪でしたが、慶喜の頃になると、もちろんその二つは存在しているけれども、政治のなかに軍事がすっぽりと入っていたということになります（225ページの図）。

**門井**　政治という大きな囲みのなかに小さな軍事が入るとすると、これはヨーロッパ的な近代国家のあり方と言ってもいいかもしれません。慶喜の構想通りに諸侯会議ができていたら、これは近代であり、明治藩閥政府そのものですね。

そうだとすると、ペリー来航からわずか十数年にして、日本は明治維新を迎える前に、近代国家の仲間入りをしていたことになります。明治維新で近代国家になったのではなく、近代国家になっていたから明治維新がスムーズに迎えられた——。

**本郷**　もしそうであれば、毛利氏や島津氏は徳川氏と主従関係にあるのではなく、部下になったと考えることもできます。

## 逃げる慶喜

**本郷**　慶喜の政権構想は王政復古《おうせいふっこ》の大号令《だいごうれい》によって、否定されます。王政、すなわち明治天皇のもと、公家・諸藩大名・藩士からなる新政府の樹立が宣言されたのですが、将軍職が廃され、ここに江戸幕府は滅亡しました。慶喜は、この時点で将軍ではなくなったわけです。もちろん、それは朝廷＝新政府側の論理ですが。

**門井**　王政復古の大号令から一カ月後の慶応四（一八六八）年、その処置に不満を持った旧幕府側と新政府側との間に鳥羽《とば》・伏見《ふしみ》の戦い（現・京都府京都市と八幡市）が起こります。ここで、私が注目するのは次の二つです。

ひとつ目は、慶喜が大坂城に入ったこと。徳川氏が滅ぼした豊臣氏の例に見るまでもなく、大坂城に入って勝った人はいません。また、城に入る＝籠城であり、これは一種の消極策です。戦いに勝利するなら、幕府軍は装備はともかく新政府軍の三倍の兵力がありましたから、城から出て指揮すべきです。そこがよくわからない。

二つ目は、大坂城中の兵に「徹底抗戦せよ」と言いながら、自分は城から出て逃亡したことです。軍艦頭《ぐんかんがしら》・榎本武揚《えのもとたけあき》に率いられた幕府海軍は、大坂湾に集結していました。慶喜は大坂城を出ると、榎本艦長が不在の時に開陽丸《かいようまる》に乗艦。そのまま榎本を置き去りにして、江戸に逃げるのです。

確かに、慶喜はすでに将軍ではありませんが、幕府の兵営ではまごうことなき指揮官です。その指揮官が部下を置き去りにして逃げた。軍事指揮官としての将軍失格はもちろん、近代軍隊においても敵前逃亡として軍法会議で処罰の対象です。

人間の心理から考えれば、恐くて逃げたことが想像できます。大坂と伏見は、現在なら電車で二〇～三〇分ほどで、距離が近い。鳥羽・伏見の戦いで敗北した兵が逃げてきて、大坂城が溢《あふ》れかえった。その時に慶喜が採りうる選択肢は、徹底抗戦、降伏、切腹、逃亡の四つです。

**本郷**　慶喜は切腹しそうにないなあ。

**門井**　兵はやる気満々だから、降伏は考えられない。「降伏しよう」と言ったら、慶喜は捕縛されていたかもしれませんし、江戸の幕閣たちが拒否する可能性もありました。慶喜は将軍就任から大政奉還までずっと京都・大坂にいましたから、江戸の意向がよくわからなかったという事情もありました。また、それまでの武士や将軍であれば、城を枕に討《う》ち死《じ》にか、切腹を選んでいたでしょう。しかし、慶喜は逃亡を選択しました。

ある意味、近代的な選択です。慶喜に生き残らねばならない理由があるとすれば、自分がいなければ国家が成り立たないという自負でしょうか。

**本郷** 自分が有能であることはわかっていたので、自分は絶対に必要とされると思っていたでしょうね。

**門井** 慶喜は、鳥羽・伏見の戦いに負けてもまだ巻き返せると思っていたかもしれません。大政奉還後も、イギリス・フランスは依然として慶喜を政権の代表者として認めており、鳥羽・伏見の戦いで勝利したあとでさえ、新政府への信頼は高くなかった。

また、慶喜は井伊直弼と違い、外国人の受けが良かったようです。慶喜は、歴代将軍のなかで、際立《きわだ》って言語能力（言語を介した思考力とコミュニケーション能力）が高かった。パークス（駐日イギリス公使）ですら「慶喜とは話せる」と言っていました。そこに活路を見出した可能性はあります。

**本郷** それはありえるなあ。

**門井** よく、官軍が錦の御旗を掲げたから幕府軍が戦意を喪失したと言われますが、倒幕勢力が「帝《みかど》の軍隊」を自称することは予想できたはずです。僭称者《せんしょうしゃ》も歴史上には数多い。少なくとも慶喜にはあまり影響はなかった。むしろ、死ぬよりも生きて働くほうが自らの責任を果たすことだと考えたかもしれません。

**本郷** 当時、海軍力では幕府軍は新政府軍を圧倒しており、新政府軍には慶喜が乗った開陽丸に追いつける軍艦はありません。ですから、ひとつの見方として、江戸に帰って海軍力を中心に戦うことを選択したと考えることはできます。とはいえ、武士なのだから、逃亡はまずいよなぁ。

**門井** 慶喜が大坂城で退却命令を出し、「俺は軍艦で江戸に戻る。おまえらは陸路で帰れ」と指示するなら理屈が通りますが、兵たちに「おまえらは戦え」と言っているわけですから、敵前逃亡と言うしかないように思います。

**本郷** ぼんぼんの本性が露呈したというか、パニックになったのではないかな。私たち歴史研究者は、歴史上の人物の行動には意味があると考えて歴史を見るのですが、慶喜だけは対象外です。本当にわからない。

## 英明か、凡庸か

**本郷** 慶喜が家来を置き去りにすることにそれほど抵抗がなかったのは近世人らしいとこ

ろですが、恐いから逃げるというのは現代人っぽい側面です。その二つの人格が混在していた人物のように思います。門井さんはどのようにとらえていますか。

**門井** 私は、かつては凡庸な人物ととらえていましたが、今は英明だと思えるようになりました。前述のように、論理を組み立て、それを言語化する能力が高かったからです。

ただ、その能力は外国人向けには発揮されましたが、日本人を相手にした時にはどうだったか。話せば話すほど、誠意のない人物と取られた可能性があります。その意味では、近代人の先駆けと言うこともできるし、それによって損をしたとも言えます。

**本郷** 日本では「沈黙は金《きん》、雄弁は銀」ですからね。

**門井** 近代的な意味で有能だったことはまちがいないと思いますが、それはおそらく幕閣・家臣たちが期待した英明さではなかった。彼らが慶喜に期待したのは、外国人や薩摩藩・長州藩に対して言語でコミュニケーションを取ることではなく、攘夷を果たし、刃向かう者を潰すという幕府初期的な軍事的行為です。

**本郷** 本人の資質と周囲の期待が大きくずれていたことは不幸なことでした。そして、あくまで政治家であって、軍事指揮官ではなかった。

**門井** 慶喜が大坂城で切腹をしていたら、最後の将軍の最期として伝説になったでしょう。ただ、それはストーリーとしてはかっこいいのですが、切腹してもしなくても新政府になるわけだから、大して変わりはなかった。

**本郷**　慶喜が頭脳明晰だったことはまちがいありませんが、それと腹が据《す》わっているかはまったく別です。現代社会に生きている人間として、慶喜は死ぬべきだったとは言いにくいけれども、同時代の人には「武士としてみっともない」と思われてもしかたがない。

けっして良いことではありませんが、やはり武士にはいざという時に命を投げ出せるかという問題がつきまといます。武士の心得をまとめた『葉隠《はがくれ》』には、「武士道と云《い》ふは死ぬ事と見つけたり」との有名な一節があります。これに対して、慶喜は死のうとは思わなかった。軍事的色彩の薄い将軍だったと考えると、旗本・御家人からまったく人気がなかったのも当然かもしれません。

## 殺戮《さつりく》の荒野

**本郷**　幕末、特に安政の大獄以降、人間の命がとても軽かったのはまちがいありません。それを象徴するのが、元治《げんじ》元（一八六四）年に起きた天狗党《てんぐとう》の乱です。

水戸藩の過激な尊王攘夷派である天狗党は、筑波山《つくばさん》（現・茨城県つくば市）で挙兵後、慶喜に訴えるため京都に向かいました。彼らにすれば、慶喜は藩主の家につながる人だから、自分たちが貫く正義について聞いてもらおう、わかってもらおうと思ったのでしょう。しかし、彼らは追討軍に追われ、最終的には加賀《かが》藩に降伏するのですが、何と三〇〇人以上が斬首されています。

**門井**　すさまじい数ですね。大塩平八郎の乱よりもはるかに多い。

**本郷**　慶喜に訴えを聞いてほしくて行ったのに、「あいつらは悪さをしたから斬首もやむをえない」というわけです。もちろん、天狗党が正義の味方というわけではありません。たとえば、田中愿蔵《たなかげんぞう》が率いた部隊は悪名高く、略奪や放火を行なっています。しかし、三〇〇人以上も処刑しなくてもいいのではないでしょうか。もちろん、隊長など幹部は処刑されてもしかたがないかもしれないけれども、残りの人たちまで殺すことはないだろうというのが現代人の感覚です。

この天狗党と敵対して天狗党討伐に加わったのが、同じ水戸藩の諸生党《しょせいとう》です。諸生党は天狗党に敗れると水戸に戻り、天狗党に加わった者の家に放火するのです。そして、天狗党の降伏後は、その家族を殺していく。その後、水戸藩内で天狗党がふたたび権力を握ると、今度は天狗党が諸生党とその家族を報復として処刑していく。

**門井**　殺戮《さつりく》の荒野という感じです。

**本郷**　ですから、水戸は血なまぐさいことはなはだしくて、なかなか近代史の編纂ができないのです。「俺の先祖はあいつの先祖に殺された」という怨念が消えない。幕末、あれだけ水戸学が脚光を浴びたのに、明治政府の高官には水戸藩出身者がきわめて少ない。有能な人物があらかた殺されてしまったからです。

**門井**　慶喜にすれば、天狗党はもっとも嫌いなタイプかもしれません。話が通じないうえに乱暴で無鉄砲ですから。

## 勝利者か、敗残者か

**門井**　慶喜の不運は、将軍就任が幕府崩壊の一年前だったことです。すでに長州征伐（一八六四・一八六六年）に失敗していましたし、幕府に融和的態度で臨《のぞ》んでいた孝明天皇も就任直後に亡くなります（一八六六年）。幕府が土俵際に追い込まれたところで「はい、将軍やってください」ですから、かわいそうな感じがします。

**本郷**　慶喜を敵前逃亡した腰抜けだとして、お終《しま》いにできないのは、江戸に戻ってから謹慎を貫いたからです。前述のように、幕府の海軍力は圧倒的でしたから、戦えば勝てたかもしれない。でも、戦わなかった。おそらく慶喜は「今は戦っている場合ではない。日本を焦土にしたら列強の餌食《えじき》になる」ことがわかっていた。その判断はまちがっていません。

しかも、その点について、慶喜はいっさい弁明していません。慧眼《けいがん》という言葉だけではすませられないものが、そこにはある。ですから、世界史的に見ても稀《まれ》なる成功ととらえられる明治維新を消極的に導いたことが、慶喜の最大の功績であるように思います。慶喜が明治維新や新政府に対して積極的に反対・反抗しなかったから、日本史が変わったわけです。

ただ、幕府崩壊後、困窮した家臣たちに資産を分け与えたというような話はありませんから、「貴人、情《なさ》けを知らず」というところかなあ。

**門井**　慶喜は恭順の意を示したということで、処刑されませんでした。フランス革命時のルイ十六世、ロシア革命時のニコライ二世はいずれも処刑されていますし、イタリアのヴィットーリオ・エマヌエーレ二世は王政廃止後にはエジプトに亡命し、翌年死去しています。彼らと比べ、激甘《げきあま》の処遇です。

明治十七（一八八四）年、華族令が公布されると、徳川宗家第十六代当主の徳川家達《いえさと》に最高位の公爵が与えられました。明治三十五（一九〇二）年には、慶喜にも公爵が与えられます。これは単なる名誉ではありません。公爵は自動的に貴族院議員になれるので、革命政権が、非常に具体的な意味において旧敵に国政参加の権利を与えたということです。

また、爵位は格に応じて与えられました。たとえば、一番上の公爵は武家では徳川宗家、島津家、毛利家。二番目の侯爵が、徳川御三家と一五万石以上の大名。三番目の伯爵は、御三卿と五万石以上の大名に与えられています。ですから、慶喜の公爵がいかに高いかがわかります。

慶喜は大正二（一九一三）年に七七歳で亡くなっていますので、幕府を倒した西郷隆盛・大久保利通・木戸《きど》孝允《たかよし》、そしてその親玉と言うべき明治天皇よりも長生きしたわけです。もちろん長生きは結果論ですが、これほど幸福な敗残者はいません。しかし、勝利者とまでは呼べません。

**本郷**　「大久保利通文書」のなかに、西郷隆盛から大久保に出した手紙があります。そこからは、慶喜の処遇について、西郷が最後まで切腹を主張していたことがわかります。大久保も、返書で「その通りだ」と答えている。

いっぽう、倒幕を掲げていた長州藩は慶喜の助命を主張していました。その状況で西郷は京都を出発し、江戸城総攻撃に向かうのです。しかし、静岡に着いた時点で西郷の意見が変わり、慶喜を助命することになる。そこに何があったのかは現在でもわかっていません。しかし、結果として勝海舟との間で江戸城無血開城の話し合いをする余地ができたわけです。

慶喜の助命は甘い処遇と言わざるをえませんが、慶喜だけでなく鎌倉幕府最後の将軍・守邦親王も、室町幕府最後の将軍・足利義昭も殺されませんでした。易姓革命の思想のもと、王朝が交替してきた中国に比べ、日本の歴史は穏やかで甘いところがあるのです。

坂上田村麻呂は、軍事指揮官として征夷大将軍になりました。それが時代とともに変質し、最後の征夷大将軍である徳川慶喜は軍人ではなく、政治家として将軍を降りたということになります。血なまぐさい軍事が、時代の流れにつれて価値を失っていったのです。

# 第九章

# 西郷隆盛

## ——近代最初の将軍であり、封建制最後の将軍

## 初代・陸軍大将

**本郷**　日本史における最後の征夷大将軍は前章で触れた徳川慶喜であり、西郷隆盛（一八二七〜一八七七年）は征夷大将軍にはなっていません。西郷は、明治に建軍された日本軍の初代の陸軍大将にして、初代の陸軍元帥。つまり、近代最初の将軍です。

軍隊における階級は二等兵・一等兵から始まり、伍長・軍曹・曹長の下士官が続き、少尉から上が士官。少将から上が「将軍」とされています。英語では陸軍の将軍がジェネラル、海軍がアドミラル、空軍がエアフォース・ジェネラルです。

**門井**　少将から上はみんな将軍ですから、いわば将軍が量産されたわけです。西郷隆盛は近代軍の将軍ですが、その存在やふるまいにどこか征夷大将軍的なものを感じます。西南戦争で敗北、切腹して介錯《かいしやく》されたラストサムライであり、その意味では、この対談の最後にふさわしい将軍と言えます。

**本郷**　西郷は薩摩藩の下級藩士の長男として、鹿児島城（現・鹿児島県鹿児島市）下に生まれています。西郷家の家格は低く、サラリーは五〇石以下。しかし、安政元（一八五四）年、二八歳の時に江戸詰《えどづめ》になり、藩主・島津斉彬《なりあきら》の御庭方役《おにわかたやく》になると飛躍していきます。藤田東湖や橋本左内などと会い、彼らの知識や思想をどんどん吸収するのです。そして、斉彬のもとで政治活動をするようになる。中央政界にデビューしたわけです。

**門井** 西郷が江戸で政治の舞台に上がった時、前述の将軍継嗣問題が起きています。次の将軍を紀伊藩主・徳川慶福にするか、一橋慶喜にするかで、すさまじい権力闘争が始まった時、島津斉彬は一橋派として慶喜を将軍にしようと画策した。その時に斉彬の命で動いたのが、西郷です。

西郷は斉彬に心服していましたから、その斉彬が高く評価した慶喜は神様に見えたかもしれません。また、政治活動をするなか、将軍とは何か、これからの将軍はどうあるべきかを考えたでしょう。

**本郷** それからわずか一五年後に、西郷は慶喜を倒す側のリーダーになるわけだから、歴史の皮肉としか言いようがない。

## 西郷と似ている作家

**本郷** 井伊直弼が大老に就任し、慶福が第十四代将軍になると、西郷を取り巻いていた環境はがらっと変わります。追い討ちをかけるように、斉彬が急逝。西郷は庇護者を失いました。

それまで、西郷は尊王攘夷派の僧侶・月照《げっしょう》と組んで動いていましたが、安政の大獄が始まると追われる身となり、月照を薩摩に匿《かくま》おうとします。しかし、薩摩藩は月照の追放を言い渡す。これは単なる追放ではなく、途中で殺すことを意味していました。前途を悲観した西郷は安政五（一八五八）年、月照と入水《じゅすい》をはかります。

しかし、西郷だけ生き残った。これは、西郷のメンタリティに大きな影響を与えたと思いますが、門井さんはどのように見ていますか。

**門井**　西郷を描こうとした時、小説家が困るのは、幕末の有能さと明治維新後のわがままぶりの落差が大きいことです。人間的に統一したイメージを作るのが非常に難しい。西郷吉之助《きちのすけ》を魅力的に描くことは容易ですが、西郷隆盛になるとなかなか魅力的に描けない。司馬遼太郎さんの『翔《と》ぶが如く』ですら、一〇〇パーセント解決できていないように思います。

司馬さんができなかったことを、私ができるとは思いません。でも、解決策があるとするならば、鍵は「守る人」です。私は西郷は守る人、すなわち明確な外敵がある時に生き生きする人物と見ています。

西郷にとっての外敵は、最初は禁門《きんもん》の変（後述）で戦った長州藩であり、のちに幕府になりました。薩摩藩内では、島津久光《ひさみつ》（斉彬死後に藩主となった忠義《ただよし》の父として権力を握った）だったかもしれません。しかし、これら外敵を倒して明治の世になると、もう外敵がいない。そうなると、拳《こぶし》の持っていく場がなくて右往左往する。そして、やっと見つけたのが征韓論《せいかんろん》です。

**本郷**　ここで、征韓論を持ってきますか！

**門井**　この時、西郷の敵は二つありました。ひとつは朝鮮という国であり、もうひとつは岩倉《いわくら》使節団による欧米視察から帰国したばかりで、出兵に反対する大久保利通・岩倉具視《ともみ》らです。ここで、西郷はふたたび生き生きする。このように、西郷は外敵という存在がないとなかなか力を発揮できないというか、生き生きしないように思うのです。

同じような精神性を持った近代の小説家がひとりいます。しかも、パートナーと入水して心中をはかったものの、自分だけ生き残ったことも共通しています（二回目で死去）。太宰治《だざいおさむ》です。太宰も、ある時期から敵を作るようになっています。小説のなかで主人公に敵を作っているうちはいいのですが、それが文芸評論になると、きわめて稚拙《ちせつ》で感情的になる。晩年に書いた随筆「如是我聞《にょぜがもん》」では、当時の大御所・志賀直哉《しがなおや》を仮想敵にしています。

その趣旨は、「あなたは私の筋が悪いとか、最近の若者は何を書いているのかわからないと言うけれども、あなたたちお年寄りの精神が衰《おとろ》えているのだ。そのような道徳で文学を裁断するなんて、とんでもないことです」というものです。太宰の文章はもともと評論向けではないですが、それを差し引いても稚拙な内容です。要するに、外敵を作らないと評論が書けないのです。本来、評論と論争はまったく別のものなのに。

**本郷**　そのあたりが、西郷に似ていると。

**門井**　二人とも心中をはかって自分だけが生き残った。そうして、世間が自分のことを「ひどい奴だ」と否定的な目で見ていることをひしひしと感じているので、それに対抗するだけの理論武装をしなければならない。その結果、かえって外敵が必要になる。

太宰の畢生《ひっせい》のレトリックは「生まれてごめんなさい」でしたが、より穏やかに言うなら「恥ずかしながら生き長らえてしまいました」という感じでしょうか。西郷の心情も、生きていることが恥ずかしいというところで共通しています。

**本郷**　外敵を得て生き生きするというのは、乱世の英雄ですね。だから、乱世が終わって居場所がなくなってしまったということなのかもしれません。

## ラストサムライ

**本郷**　話を戻すと、月照を失い、ひとり生き残った西郷は、薩摩藩領であった奄美大島《あまみおおしま》(現・鹿児島県)に蟄居《ちっきょ》します。蟄居生活は四年におよび、その間、桜田門外《さくらだもんがい》の変で井伊直弼が暗殺されるなど、情勢は大きく変化。公武合体のために京都に上ろうとしていた島津久光により、薩摩に呼び戻されるのです。

西郷は久光の先触れとして上洛しますが、久光とは意見が合わず、逆鱗《げきりん》に触れる。そして、今度は徳之島《とくのしま》(現・鹿児島県)で蟄居させられてしまいました。

この間に起きたのが、寺田屋《てらだや》事件です。薩摩藩の尊王攘夷派の志士たちが倒幕挙兵を計画していたため、久光は大久保一蔵《いちぞう》(利通)らを説得のために派遣するのですが、「われわれは日本のためにやっている」と、言うことを聞かない。そこで、久光は、剣の立つ奈《な》良原繁《らはらしげる》(のちに沖縄県知事、貴族院議員)や大山綱良《おおやまつなよし》(のちに鹿児島県令《けんれい》。西南戦争で西郷軍を利した罪で斬首)らを差し向けるのです。

奈良原らは「おまえたちが言うことを聞かないと、俺はおまえたちを斬らねばならない」と説得しましたが、有馬新七《ありましんしち》らは「やれるものならやってみろ」と抵抗。敵味方に分かれて殺し合いになった。結果、奈良原たちは有馬ら六人を斬殺。二人を自害に追い込んでいます。

いっぽう、大山巌《おおやまいわお》（のちに日露戦争の満州軍総司令官。元帥陸軍大将、公爵）、西郷従道《さいごうつぐみち》（のちに元帥海軍大将、侯爵）、三島通庸《みしまみちつね》（のちに栃木県令、警視総監、子爵）らは説得に応じて投降。維新後は、明治政府で活躍・栄達しました。

**門井**　西郷にすれば、殺したほうも殺されたほうも同郷ですから、ショックだったでしょう。この頃、久光の側近として動いていたのが、大久保利通です。西郷と大久保の間に壁ができたのは、この時ではないかという説がありますね。

**本郷**　その後、西郷は徳之島から沖永良部島《おきのえらぶじま》（現・鹿児島県）に流されますが、牢《ろう》に入れられるなど、いつ死んでもおかしくない状態でした。その時に書いた詩が、次に掲げる「獄中有感《ごくちゅうかんあり》」です（訳とふりがな、〔〕は引用者）。

「朝蒙恩遇夕焚坑　人世浮沈似晦明　縦不回光葵向日　若無開運意推誠　洛陽知己皆為

鬼　南嶼俘囚独竊生　生死何疑天附与　願留魂魄護皇城（朝《あした》に恩遇を蒙《こうむ》り、夕《ゆうべ》に焚坑《ふんこう》せらる。人世の浮沈、晦明《かいめい》〔夜と昼〕に似たり。縦《たと》い光を回《めぐ》らさざるも、葵《あおい》は日《ひ》に向かう。若《も》し運を開く無きも、意《い》は誠《まこと》を推《お》さん。洛陽《らくよう》の知己、皆《みな》鬼《き》と為《な》り。南嶼《なんしょ》の俘囚《ふしゅう》、独《ひと》り生《せい》を竊《ぬす》む。生死《せいし》何《なん》ぞ疑わん、天の附与《ふよ》なるを。願わくは、魂魄《こんぱく》を留《とど》めて皇城《こうじょう》を護《まも》らん）」

寺田屋事件で死んだ友への想いと自らの覚悟を綴《つづ》ったのでしょう。東京大田区の洗足池《せんぞくいけ》公園に、勝海舟の墓と勝が建てた碑（留魂祠《りゅうこんし》）があるのですが、その碑に彫られているのが、この詩です。

**門井**　勝海舟の碑に、西郷の詩が刻《きざ》まれているのですか。

**本郷**　表に西郷の詩が、裏には勝の文章——君（西郷）は明治元年、大軍を率いて江戸に来た。動揺する市民たちを見た私が君に手紙を出したところ、君は兵士たちが乱暴狼藉を働かないようにしてくれた。なんと広い心で、厚い信義だろうか。私はたまたま君の詩を見たが、気韻《きいん》があり、まるで平生《へいぜい》の君を見るようだ。だから、この詩を選んで記念碑を立てた——との趣旨が書かれています。

西南戦争で賊臣とされた西郷に対し、勝は明治十六（一八八三）年にこの碑を建てています。その六年後の明治二十二（一八八九）年、大日本帝国憲法発布にともなう大赦で名誉回復がなされるのです。

月照との入水事件や沖永良部島で書いた詩からは、西郷が肝《きも》の据わった人物であり、国や他人のために命を捨てる覚悟を持っていたことがわかります。これは非常に重要な点であり、徳川慶喜とは決定的に違うところです。

**門井**　まさにラストサムライですね。

## 西郷の写真がない理由

**本郷**　西郷のふるまいで不思議なのは、写真を撮らせていないことです。

**門井**　確かに、坂本龍馬は写真を残していますし、慶喜などはカメラを所有して、自ら撮影しています。

**本郷**　やはり、自意識が異様に強かったのかなあ。西郷隆盛という名前もそうです。本名は隆永《たかなが》で、隆盛は父親の名前です。ところが、明治になって戸籍を作る時に友人がまちがえて隆盛と書いてしまった。友人は修正を申し出ますが、「別にいいよ」と言って名前を変えたという逸話が残っています。

**門井**　名前なんてどうでもいい。写真なんてどうでもいい。おいはそんなことを気にするような小さな人間ではなか、と。

**本郷**　江戸無血開城の下準備をするため、幕臣の山岡鉄太郎《やまおかてつたろう》（鉄舟《てっしゅう》）が命がけで駿府に来た時、西郷は山岡の態度に共感して、のちに「命もいらず、名もいらず、官位も金もいらぬ人は、仕末《しまつ》に困るもの也《なり》。此《こ》の仕末に困る人ならでは、艱難《かんなん》を共にして國家の大業は成し得られぬなり」という言葉を残しています（山田済斎《やまだせいさい》編『西郷南洲遺訓』より）。

そのような生き方がしたいということは、要するに自分はそのような人間と思われたいという大きな欲望があったのだろうと私は考えています。だから、名誉にこだわりがあったと言われるのがいやで、写真を残さなかったのではないか。逆に言うと、出世や金銭はもちろん、名誉にすらこだわらぬ人と思われたい、という強烈な自意識があったのかもしれない。

**門井**　太宰治はごく一部の例外を除いて、いわゆる素《す》の写真や素のままの文章を残していません。自分を恥ずかしいと思うがゆえに、極端にポーズを取っていたように思います。

**本郷**　前章の天狗党の乱でも触れましたが、当時は命の軽い時代であり、「国のため」と言って死んでいった者たちがたくさんいました。そこにはある種の熱狂があり、自己陶酔もあったでしょう。ですから、名前なんてどうでもいい、写真なんてどうでもいいわけです。

西郷は「西郷さんのためなら死ねる」と人に言わせるような魅力がありました。いっぽう、「最後は俺が死んで責任を取る」という気概があったから、汚《きたな》いことも平気でできたのです。佐幕派の庄内《しょうない》藩士を煽《あお》って江戸薩摩藩邸の焼討事件（戊辰《ぼしん》戦争のきっかけとなった）を起こさせたのが良い例です。

もし、西郷に「あなたの最大の目的は何ですか」と聞いたら、西郷は「新しい日本をつくることです」と答えたでしょう。「そのためなら、自分は汚《よご》れ役をやりましょう」ぐらいのことは平気で言ったと思います。このような一面も含めて、人間的魅力があった人物です。

## 西郷の人物評価基準

**門井**　確かに、西郷には名利《みょうり》を求めない意識が強かった気がします。西郷は、自分に対しても他人に対しても、人格というものを過大評価する傾向がありました。

人類の歴史を見ると、古代→中世→近世→近代と経ていくなかで、物質文明が発達し、それにつれて、人間の人格というものが社会に与える影響力は小さくなっていくのですが、西郷はこの流れに強く抗《あらが》った印象を受けます。

**本郷**　それは、盟友と言われた大久保利通への評価を見るとよくわかります。大久保は外交も財政もできる優秀な人物でしたが、西郷はその能力は評価しない。むしろ、事《こと》に臨《のぞ》んでビクつかない人格を高く評価するのです。

**門井**　西郷はイノベーションに対する関心も、あまり大きくない。当時の日本において、軍事の最先端を走っていた薩摩藩にいましたから、鉄砲や大砲にも通じていましたが、必要だからやっているだけという感じで、坂本龍馬のようにピストルを愛用した形跡は見あたりません。

もしかすると、物にこだわるのは玩物喪志《がんぶつそうし》であると思っていたのかもしれません。お金や物にこだわってはいけない。物ではなくて心が大事であると考えていた。だとすれば、西郷のメンタリティは、近代の軍人よりも近世の武士《もののふ》に近い。

西郷は西南戦争で「日本は大久保がいるから心配ない」と言って、死んでいきました。

大久保は敵の大将です。ここにも、古武士らしさが表われています。幼なじみということもあり、大久保に対する感情は独特で、複雑だったのでしょうね。

**本郷**　近代日本を開いた人物が近代人らしくないのがおもしろいところです。新時代をつくった西郷は、旧時代のメンタリティを色濃く残していたわけです。

## 軍人か、政治家か

**本郷**　沖永良部島に流されていた西郷は元治元（一八六四）年、ふたたび赦《ゆる》されて京都に派遣されます。中央政界への二度目のデビューです。活躍の場は、すぐに巡ってきました。長州藩の急進派と、薩摩藩・会津《あいづ》藩・桑名《くわな》藩が激突した禁門の変（蛤御門《はまぐりごもん》の変）です。

**門井**　長州兵が京都御所の西側、現在ＫＢＳ京都があるあたりから砲撃したのに対し、蛤御門の前で「御所には一歩も入れさせん」と踏ん張ったのが西郷です。この戦いの勝利によって一気に声望が高まり、活躍の場が増えていきました。

西郷は二度ある政界でのデビューのうち、一度目は政治家として、二度目は部隊のトップとして働いています。つまり、政治家と軍人の両方を経験している。しかし、当時も、後世の私たちも、西郷と言えば政治家よりも軍人をイメージします。ここには、禁門の変に代表される軍人としての活躍があるからです。

禁門の変における西郷のふるまいには、前述の「守る人」が如実に表われています。つまり、西郷が力を発揮するのは外敵から何かを守る時であるという、例のあれです。

慶応三（一八六七）年の小御所《こごしょ》会議の時もそうです。小御所会議は大政奉還直後、京都御所内の小御所で今後どのような政権を作るかを話し合った会議です。メンバーは明治天皇以下、有栖川宮熾仁親王《ありすがわのみやたるひと》（皇族）、中山忠能《なかやまただやす》（公家）、岩倉具視（公家）、松平春嶽（前・越前藩主）、山内豊信《やまうちとよしげ》（容堂《ようどう》、前・土佐藩主）、後藤象二郎《ごとうしょうじろう》（土佐藩士）、大久保利通（薩摩藩士）らで、西郷（同）は外で警備隊長を務めていました。

会議では、山内容堂が「前将軍・徳川慶喜を出席させないのはおかしい」と主張したため、もつれにもつれる。ところが、休憩を挟んで会議が再開された時、空気がガラッと変わり、容堂のトーンが下がった。そして、慶喜の辞官納地《じかんのうち》（慶喜の内大臣辞任と領地返上）が決まるのですが、休憩中に西郷が後藤を通じて容堂を脅《おど》したのではないかと言われています。これも、徳川を攻めるというより、徳川から天子を守るという切迫感がありますね。

鳥羽・伏見の戦いにしても、薩摩藩のメンタリティとしては幕府という外敵から京都の朝廷を守る近衛兵という感じでした。たまたま勝っちゃったから、そう見えないだけで。

**本郷**　アメリカの大統領は軍人出身者が少なくありません。歴代四五人のうち、初代ジョージ・ワシントン、第十八代ユリシーズ・グラント、第三十四代ドワイト・D・アイゼンハワーなど八人を数えます。アメリカ大統領は、アメリカ軍の最高司令官としての指揮権を有しています。

軍事指揮官は一〇〇万単位の軍隊を統括するわけだから、政治家としての資質も求められますし、逆に言えば、大作戦を立てて遂行できる力のある人は政治家も務まる。つまり、トップは軍事と政治の両方ができなければいけないのだけれど、西郷は政治家になりたくない人だった。もっと言えば、政治が嫌いだった。

幕府を倒して新しい政権をつくるためには政治活動（そこには軍事も含まれる）をするけれども、利害調整など、いわゆる政治の泥水《どろみず》を嫌悪していた節《ふし》がある。金にまみれた井上馨《いのうえかおる》を「三井の番頭さん」と呼んだのが好例です。ただし、岩倉使節団が欧米訪問中（一八七一〜一八七三年）に「留守を頼む」と言われた西郷は、生き生きと政治の仕事をしています。

**門井**　いわば「西郷内閣」ですね。この時に実現されたこともかなり多い。具体的には、初の全国戸籍調査、田畑永代売買《でんぱたえいたい》の解禁、学制発布、太陽暦の採用、国立銀行条例制定、徴兵令発布、キリスト教の公認、地租改正条例の制定など。これらには、軍人上がりのタカ派的要素は見られません。

**本郷**　だから、政治家の仕事ができないわけではないけれども、やりたくはなかったのでしょう。自分はあくまでも軍人であると意識していた。

**門井**　西郷の高い自意識から想像するに、政治家になって実績を積むと栄達したことになってしまうことがいやだったのではないでしょうか。

## なぜ多くの人が集まったのか

**本郷**　岩倉使節団が帰国した明治六（一八七三）年、政府内で征韓論争が起こります。日本は明治維新後、朝鮮に国交を求めるのですが、朝鮮は鎖国排外政策のもと、これを拒否。反日の気運も高まった。これに対して、出兵を主張したのが西郷・板垣退助《いたがきたいすけ》・江藤新平《えとうしんぺい》・後藤象二郎・副島種臣《そえじまたねおみ》らであり、内治を優先すべきと応じたのが大久保利通、岩倉具視らです。

結局、敗れた西郷らは下野《げや》。西郷は故郷・鹿児島に戻ります。この時、西郷四七歳。その四年後に起きたのが西南戦争です。

**門井**　西南戦争には多くの士族が結集しましたが、その理由のひとつに鹿児島という土地柄もあったと思います。西郷は家康以来の米《こめ》経済的な人ですが、薩摩藩は早くから米経済を脱し、商品経済に移行していました。ちなみに、江戸幕府を倒したのは塩と砂糖であるというのが、私の持論です。

**本郷**　ほお、どういうことですか。

**門井**　塩は長州藩、砂糖は薩摩藩です。長州藩は三田尻《みたじり》（現・山口県防府《ほうふ》市）に大塩田を作り、効率的に塩を生産して現金収入を得ていました。いっぽう、薩摩藩は奄美大島のサトウキビから作った砂糖を売って多大な収益を挙げています。

もともと、薩摩藩は火山灰地もあり、面積は広くても米があまり取れるところではありませんでした。その代わりに、商品経済や貨幣経済が発達した。そして、砂糖などで稼いだ金で武器・弾薬や軍艦を揃え、倒幕の原動力となった。

明治維新の原動力となった薩摩藩・長州藩・土佐藩・肥前藩は「薩長土肥《さっちょうとひ》」と並列に

論じられますが、実際には薩摩藩がダントツであり、かなり差があって長州藩が二位。そして三位・四位は、まあ数合わせ。四字熟語を作る口実みたいな存在でした。

征韓論争後、各地で士族の反乱が起こりましたが、佐賀の乱（江藤新平など旧・肥前藩士ら）、神風連《じんぷうれん》の乱（太田黒伴雄《おおたぐろともお》など旧・肥後藩士ら）、萩《はぎ》の乱（前原一誠《まえばらいっせい》など旧・長州藩士ら）に比べて、西南戦争の規模が大きかったのは、鹿児島に財力、すなわち兵隊を食わせるだけの経済力があったからです。

**本郷**　薩長土肥のうち、土佐藩だけが反乱を起こしていませんね。

**門井**　でも、長期にわたって自由民権運動が展開されています。これは、刀の代わりに言葉を使って戦う士族の反乱と言えるのではないでしょうか。西南戦争は、豊かな経済力を持っていた薩摩藩による反乱ですから、たとえ西郷が率いていなくても同じぐらいの規模になっていたでしょう。

しかし、経済的な背景があるとはいえ、西郷のもとにあれだけ多くの人が集まったのはなぜかという疑問が残ります。ひとつの理由は、維新の三傑《さんけつ》（西郷・大久保利通・木戸孝允）のひとりであり、新政府を代表する人物だった西郷を旗印にすれば、心理的に朝敵にならずにすむと思ったのではないか。

**本郷**　当初、私学校《しがっこう》（西郷が士族の子弟のために開いた私塾）の連中が考えていたのは政府への反乱というより、政府への直訴ぐらいのイメージです。

**門井**　その意味でも、西郷をリーダーに立てる意味はあったかもしれません。西郷以外がリーダーになった場合、不平士族の反乱というニュアンスが強くなりますから。

また、神輿としての大きさもあったと思います。たとえ桐野利秋《きりのとしあき》がリーダーになっても、それほどのインパクトはない。西郷が起こしたからこそ、衝撃だったわけです。

佐賀の乱を起こした江藤新平も元司法卿であり、「あの江藤が決起したか」という衝撃を与えました。大久保利通は、江藤が処刑された翌日の日記に「江東《ママ》、陳述曖昧《あいまい》、実に笑止千万、人物推《お》して知られたり」などと書き、貶《おとし》めようとしました。

逆に言えば、大久保ら明治政府の連中にとって、佐賀の乱は本当に恐かったのだと思います。ほんの十数年前は、尊王攘夷というキーワードひとつで日本中が燃え上がっていたわけで、今度も「武士の魂《たましい》を守れ」といったスローガンで火がつくことを恐れた。ちなみに、江藤は清廉かつ有能な人物として知られ、死後も墓参が絶えませんでした。

西南戦争は西郷が立ち上がったことで義戦に見えるところがあります。西郷自身も、政府に楯突く気持ちはサラサラなく、不平士族を守るという意識が強かったと思います。ここにも西郷の「守る人」が表われています。

**本郷**　明治天皇は西南戦争後、何とか西郷の名誉を回復できないかと側近に漏《も》らしていたそうです。ということは、少なくとも明治天皇は、西郷を「朝敵」と見ていなかったことになります。

## 「武士の時代」の終わり

**本郷**　もし、西郷が慶喜のように切腹せずに長生きしていたらどうなっていたかなあ。

**門井**　「また生き残ってしまった」と思ったでしょうね。そして、以前よりもいっそう死に場所を求めた。そう考えると、西郷は西南戦争において、最初から生き残るという選択はなかったのかもしれません。いっぽう、慶喜は自分がどう死ぬかについて考えたことがない人だと思います。だから、あの大坂城での逃亡になった。

西郷は入水事件以降、「いつ死ぬか」「どう死ぬか」を考え続けていたと思います。西南戦争の最終局面、西郷が城山《しろやま》で切腹する時に「もう、ここらでよか」とつぶやいたのは、これで自分の死に場所や死に様《ざま》を考える必要がなくなったと解釈するのは、文学的にすぎますかね。

**本郷**　私の持論は、武士の時代を終わらせたのは武士である西郷隆盛である――です。佐賀の乱を起こした江藤新平は軍事指導者ではありませんから、やはり軍事指導者であった西郷が反乱を起こして滅びていったことは大きかった。

また、佐賀の乱や萩の乱は言うなれば地方の反乱であり、西南戦争は「戦争」の名がついている通り、規模もインパクトも桁違いでした。さらに、西郷は明治政府をつくった張本人ですから、自分がつくった政府と戦うという意味合いもあった。

**門井**　重みがまったく違いますね。

**本郷**　私が西南戦争で注目する人物に、村田新八《むらたしんぱち》がいます。大久保利通は「他の連中はいいが村田新八だけはもったいなかった」と言い、勝海舟は「大久保に次ぐ傑物」と評した人物です。村田は知性と教養を備えた人物であり、いわゆる猪武者《いのししむしゃ》ではありません。岩倉使節団に随行し、近代とは何かを知っていた。西南戦争にはフロックコートを着てシルクハットをかぶって従軍したそうです。

そんな村田が、西郷の人間的魅力に惹《ひ》かれてついていった。命も捨てるということであれば、そこにはまさに主従制的支配権が存在します。

**門井**　西郷はやはり将軍にふさわしい人物であったということですか。

**本郷**　少なくとも、西南戦争に参じた人たちはそう思っていたでしょう。繰り返しになりますが、主従制的支配権における最大の奉公とは、戦争で手柄を立てることではありません。敵の首を取ることでも、作戦行動で成功することでもない。主人のために死ぬことなのです。主人のために命を投げ出すことが、最大の奉公なのです。ですから、「西郷先生のために死ぬ」と言った私学校の人たちは、みんな西郷の家来と言ってもいい。

逆に言えば、そのような主従関係は近代の軍隊には不要です。兵士は、指揮官の命ずるままに行動して戦争に勝つことが最大の任務であり、指揮官のために死ぬことではありません。そのような近代的な軍隊に変化するために、西南戦争という荒療治が必要だった。この国で七〇〇年間にわたって強大な権力を保持していた武士が簡単に滅びることはできませんから、どうしても血が流れることが必要だったのです。

**門井**　その象徴的な犠牲が西郷であり、大久保であったと。

**本郷**　そうです。大久保も士族によって暗殺されましたが、二人の死が武士の世の幕を引いたわけです。

その意味では、西郷はまさに封建社会における最後の将軍であった。天皇から征夷大将軍の宣下は受けていませんが、武士たちとの間に主従的な関係を持っていたという点で、征夷大将軍に近い存在であった。そして、西郷の死とともに、日本の封建制も終わりを告げたのです。

## 西郷へのうしろめたさ

**門井**　西郷の死は武士の時代の終わりであり、封建制の終焉であると表現されましたが、見方を変えると、ほとんどの日本人が西南戦争が起こった明治十（一八七七）年の時点で、積極的に封建制を捨てていたと言えないでしょうか。

幕末は尊王攘夷、特に異国船を打ち払えという攘夷のスローガンのもと、武士的な発想で幕府を倒した。ところが倒幕を果たした途端、異国船を打ち払うどころか、明治政府が先頭に立って、異国の文化を受け入れた。

明治十年の時点で、大阪や東京ではガス灯がともり、新橋《しんばし》・横浜《よこはま》間では鉄道が走っていました。新しい貨幣が流通し、郵便制度も始まっています。本郷さんの母校・東京大学の設立もこの頃ですね。富岡《とみおか》製糸場の操業は明治五（一八七二）年です。

政府に招かれたイタリアの銅版画家キヨソネは、明治天皇や大久保利通の肖像画を描きましたが、どこか西洋風です。しかし、それを近代的としてみんなが受け入れた。

**本郷**　キヨソネは、西郷の肖像画も描いていますが、似ているか、似ていないかはわかりません。前述のように、西郷が写真を残さなかったからです。

**門井**　このような明治十年に積極的に捨ててしまった武士的要素、あるいは封建的風景を引き受けて、あの世に持っていってくれたのが西郷なのです。

だから、日本人は西郷に対して感謝の念があるいっぽう、うしろめたさもある。なぜなら、多くの国民は幕府か、薩長かという決断もせずに開国を迎え、横浜港から入ってきた輸入品を楽しんでいたわけですから。いわば、武士の犠牲のうえに新しい近代生活を満喫した。当時の有名な文句に「散切《ざんぎ》り頭をたたいてみれば、文明開化の音がする」というのがありましたが、散切り頭にした時、地面にポトリと落ちた髷《まげ》がすなわち西郷だったのです。

**本郷**　中国の孫文《そんぶん》をはじめ、旧《ふる》きを捨てて近代化を進めることを主張したアジアの人たちは、西郷を英雄視しました。それは単なる判官贔屓《ほうがんびいき》ではなく、門井さんが述べたように、西郷に借りがあるように感じたからかもしれません。

# 結　将軍が日本史に果たした役割

## 将軍と幕府は相容《あいい》れない

**門井**　ここまで、日本史における八人の将軍と、将軍にならなかった二人（織田信長と豊臣秀吉）について論じてきましたが、結果的に、坂上田村麻呂という幕府なしの将軍で始まり、西郷隆盛という幕府なしの将軍で終わるという〝陣立《じんだ》て〟になりました。

改めて思うのは、将軍と幕府はまったく違う存在であり、性質を持っていることです。つまり、将軍とは敵を攻めるものであり、幕府とは権力を守るもの。そして、将軍は軍事もしくは戦闘を指揮するトップですから、基本的には短期間であり、刹那《せつな》的であるのに対し、幕府は権力機構ですから、永続を目指す。ここは、基本的に相容《あいい》れません。

この正反対の性質を持つ将軍と幕府がある時期に結びつき、成功したり失敗したりを繰り返してきた。江戸幕府は顕著な成功例だと思いますが、両者が糾《あざな》える糸のように織りなして、日本史における中世・近世七〇〇年間を形づくってきました。

**本郷**　軍事を担うトップとして、坂上田村麻呂が征夷大将軍に任命されました。それはある意味で歴史の偶然だったと私は述べました。その後、源頼朝や足利尊氏らを見ていくなかで、将軍権力すなわち軍事と政治のバランスが浮き彫りになりました。

頼朝は軍事五割・政治五割でしたが、まだ未成熟だった。尊氏は政治を弟の直義に任せっぱなしで自分は軍事を担当、つまり二人で分担した。足利義満の頃に、ひとりの将軍のもとに集約されましたが、時代が下るにつれて政治の比率が高まり、徳川慶喜に至っては、軍事が政治の中に入りました（125、225ページの図）。

**門井**　その変遷が対談を通して、くっきりと浮かび上がりましたね。日本史を見るうえで、わかりやすい線が引かれたと思います。

**本郷**　西郷隆盛は政治もできましたが、軍事一〇割で、ふたたび田村麻呂の頃に戻ったと言えるかもしれない。しかも、門井さんが指摘したように、西郷は「攻める人」ではなく、「守る人」だった。もし攻める人だったら、江戸の町は火の海になっていた。もし、そうなっていたら今に続く日本の歴史は位相を変えていたでしょう。

## 機能と人格のハイブリッド

**本郷**　坂上田村麻呂から西郷隆盛までの歴史を振り返ると、軍事と政治を担っている将軍が、天皇や貴族らの朝廷を押しのけて、政治の側でどんどんパイを大きくしてきたことがわかります。それは、天皇・貴族による政権では難しかった日本全国の実効支配——豊臣秀吉の時に完成されたわけですが——を成し遂げたことに表われています。

特に江戸時代になると、完全に朝廷から政治権力を奪い取るまでに成長していった。ということは、軍人が政治をする、つまり軍事政権が日本の歴史の機軸だったのです。

しかし、軍事政権でありながら、穏やかな歴史を紡《つむ》いできました。ヨーロッパや中国のような大虐殺はほとんどありません。軍人が軍事だけでなく政治をする過程で、文化的にも成熟していったのです。言葉を換えれば、軍人の行なう政治が荒々しいものでなく、文化的なものになっていった。

その結果、江戸幕府最後の将軍に至ってはまったく軍人らしくなく、むしろ政治家だったわけです。このことが象徴するように、穏やかな歴史の積み重ねが日本の歴史だったと言えると思います。

そこで、どうしてもわからないのが太平洋戦争です。昭和十六（一九四一）年、日本は三〇〇万人以上の日本人が亡くなる大戦争に突入していきました。繰り返しになりますが、日本の歴史は他国に比べ穏やかで「人を殺さない」歴史でした。これは明治以降も変わらず、日清戦争（一八九四～一八九五年）の戦死者は約一万三〇〇〇人、日露戦争（一九〇四～一九〇五年）が約八万四〇〇〇人（いずれも『国史大辞典』より）です。

これが、昭和に入ると一気に変わっていく。これを、兵器の進化や兵士以外も犠牲者となる戦争形態の変化などによるものと簡単に片づけていいのか。これをどう考えるべきかが、私の次の課題です。

**門井**　将軍権力は政治と軍事から成るという本郷さんの説からすると、将軍とは機能と人格のハイブリッドだと言うことができます。将軍には、社会で何を果たすか、何を主導するかという意味で機能（ファンクション）という側面がある。いっぽうで、将軍は人格（パーソナリティ）という問題から離れることができない。それは、特に頼朝、尊氏、家康といった創業者において顕著です。

だから、機能だけではいけないが、人格だけでも統治することはできない。機能と人格のハイブリッド、それが日本の将軍のあり方なのではないでしょうか。

**本郷**　そう考えると、西郷隆盛は人格一辺倒みたいなところがある。いっぽう、太平洋戦争における将軍の役割は、ある意味で記号化されたものでした。もちろん、作戦行動を立てる能力は必須ですが、軍隊を動かせる人なら誰でもいいわけです。

ですから、日本軍では「天皇陛下万歳」と言って死ぬ兵士はいても、「〇〇大将万歳」

と言って死ぬ兵士はいません。その意味でも、将軍に人格を求める時代は、西郷で終わりを告げたのです。

## 研究者が踏み込めない領域

**本郷**　最後になりますが、私にとって、小説家の方との対談ははじめての経験でした。とてもみずみずしい話が聞けたなあと感謝しています。実は、門井さんと対談するにあたり、担当編集者には「研究者には踏み込めない領域があって、そこを門井さんにお聞きしたい」と話していました。

どういうことかと言うと、歴史上の人物の性格や何を考えて行動したかに迫ることです。私たち研究者は、事実や史料を基《もと》に論理を組み立てます。そこには、想像も創造も入る余地はありません。科学的と言ってもいいですが、非常に乾《かわ》いた形で歴史を見ていく。

私が駆け出しの研究者の頃、歴史上の人物や事例に感情移入すると先生に怒られたり、先輩に注意されたりしました。だから、なるべくドライに見ていくのですが、門井さんの話を聞いて、やはり人物をとらえる時にはみずみずしさがないとおもしろくないなあと痛感した次第です。

**門井**　私としては、本郷さんから学費なしで授業を受けているようなもので、とても贅沢《ぜいたく》な時間を過ごさせていただきました。商売の話で申し訳ないのですが、小説になりそうなネタもいくつかありました（笑）。

同時に、本郷さんをこれほど夢中にさせるぐらい、日本史はおもしろいのだなあと改めて思いました。

**本郷**　ぜひ対談で得たインスピレーションを利用して、どんどんすばらしい作品を書いてください。私もできるだけ多くの人に日本史を愛してほしいと思い、テレビ番組に出たり講演をしたり本を書いたりしているのですが、難しいのは、どのように伝えたら歴史のおもしろさがわかってもらえるかです。今回、門井さんと対談して、たくさんのヒントをもらいました。

# おわりに――歴史学の限界と、法則からの跳躍

本郷和人

歴史を語らせたら、何と言っても歴史学者が一番！　と言いたいところですが、実はそうでもありません。たとえば、歴史上で大きな仕事を成し遂げた人物を考察し、解釈する時。織田信長や西郷隆盛は人気があるので、その生涯についてよく質問を受けます。最近だと明智光秀でしょうか。この時、人間の輪郭と言うか、外側をなぞることは、史料に依拠しながら何とかできる。でも内側にまで入っていくのは、難しい。

人間は複雑ですから、行動と腹のなかが異なることが少なくありません。絶対に許さん！　と恨《うら》み骨髄《こつずい》でも、家族や家来の生活を考えて頭を下げることもある。反対に、共感できる、友になり酒を酌《く》み交《か》わしたい相手なのに、滅ぼさねばならぬこともある。光秀は信長を本能寺に葬《ほうむ》り去るわけですが、二人の心情はそう簡単には把握できません。

輪郭と内面が異なる場合、実証を重んじる歴史学の方法では、人間の心理は捕捉しきれません。自分はこうした思いだ、と真情を吐露《とろ》する史料はまずありませんし、たまさか残されていたにせよ、それが本心か否《いな》かを慎重に見極めねばならない。そうした手続きを無視して内側をしれっと語る人もいますが、それは率直に申し上げて「誤り」です。

では、人間の気持ちは明らかになし得ないのか。

いや、そんなことはない。歴史学の方法だけでは無理ですが、たとえば国文学の研究者に謙虚に尋ねるのは大変に有効です。この学問は心理を説明したり、感情を分析したりすることを得意としていますから。それから何と言っても、読み応《ごた》えのある歴史小説が参考になります。小説家は歴史を素材として人間を見据えている。過去の社会を舞台に、人間が何を考え、どう生きたか、そこに真摯に向き合っている。

今「読み応えのある」と形容詞を足したところが「きも」です。僕たち読者は贅沢で、舞台設定が嘘くさいと話に引き込まれない。人間の描写が確実でないと、つまらなく感じる。ある人がいた「時代」と、彼や彼女が時代と格闘して成し遂げた「事績」と、さらには彼・彼女のモチベーション＝「内面」とが過不足なく連関しているのを感じ取った時、はじめて物語に読み応えを感得《かんとく》します。ああ、ひとりの人間が生きている、と。

何だかこう書くと、とても難しそうですね。いやいや、そんなことはありません。読み応えを体感することは、本当はとても簡単なことです。

門井慶喜先生の本を開いてみてください。祥伝社が一推しですが、出版社にこだわる必要はありません。先生はどの作品においても行き届いた調査をして、物語の舞台を組み立てます。そのうえで、緻密《ちみつ》に計算して歴史的な人間を動かしていく。この時に理性的な法則性も作用するのですが、もうひとつ、感性が重要な役割を果たす。この感性による「法則からの跳躍」が、僕たち歴史研究者にはとてもまねのできない芸当なのです。

今回、その門井先生と「将軍」をテーマに、じっくりと語り合うことができました。本当に楽しかった。夢のような時間でした。僕は歴史研究者として、たくさんのことを、小説家である先生から学ぶことができました。今後の先生のお仕事に、今回の対談が生かされるなら、お相手を務めさせていただいた者として、これに勝《まさ》る喜びはありません。先生、どうもありがとうございました。

加えて、機会を与えてくださった祥伝社と、何より読んでくださった読者のみなさまに心からの感謝を。またお目にかかれる機会を、楽しみにしております。

二〇二〇年一月

切りとり線

## ★読者のみなさまにお願い

この本をお読みになって、どんな感想をお持ちでしょうか。祥伝社のホームページから書評をお送りいただけたら、ありがたく存じます。今後の企画の参考にさせていただきます。また、次ページの原稿用紙を切り取り、左記まで郵送していただいても結構です。

お寄せいただいた書評は、ご了解のうえ新聞・雑誌などを通じて紹介させていただくこともあります。採用の場合は、特製図書カードを差しあげます。

なお、ご記入いただいたお名前、ご住所、ご連絡先等は、書評紹介の事前了解、謝礼のお届け以外の目的で利用することはありません。また、それらの情報を6カ月を越えて保管することもありません。

〒101-8701（お手紙は郵便番号だけで届きます）
祥伝社　新書編集部
電話03（3265）2310
祥伝社ブックレビュー　www.shodensha.co.jp/bookreview

★本書の購買動機（媒体名、あるいは○をつけてください）

| | | | | | |
|---|---|---|---|---|---|
| ＿＿＿＿新聞の広告を見て | ＿＿＿＿誌の広告を見て | ＿＿＿＿の書評を見て | ＿＿＿＿の Web を見て | 書店で見かけて | 知人のすすめで |

★100字書評……日本史を変えた八人の将軍

| 名前 |
|---|
| |
| 住所 |
| |
| 年齢 |
| |
| 職業 |
| |

本郷和人　ほんごう・かずと

東京大学史料編纂所教授、博士(文学)。1960年東京都生まれ。東京大学文学部卒業、同大学院人文科学研究科博士課程単位取得退学。東京大学史料編纂所に入所、『大日本史料』第5編の編纂にあたる。東京大学大学院情報学環准教授を経て、現職。専門は中世政治史。著書に『乱と変の日本史』など。

門井慶喜　かどい・よしのぶ

小説家。1971年群馬県生まれ。同志社大学文学部卒業。2003年「キッドナッパーズ」で第42回オール讀物推理小説新人賞、2016年『マジカル・ヒストリー・ツアー』で第69回日本推理協会賞(評論その他の部門)、2018年『銀河鉄道の父』で第158回直木賞を受賞。著書に『家康、江戸を建てる』など。

**日本史《にほんし》を変《か》えた八人《はちにん》の将軍《しょうぐん》**

**本郷和人《ほんごうかずと》　門井慶喜《かどいよしのぶ》**

2020年2月10日　初版第1刷発行

発行者……………辻 浩明

発行所……………祥伝社しょうでんしゃ

〒101-8701　東京都千代田区神田神保町3-3

電話　03(3265)2081(販売部)

電話　03(3265)2310(編集部)

電話　03(3265)3622(業務部)

ホームページ　www.shodensha.co.jp

装丁者……………盛川和洋

印刷所……………萩原印刷

製本所……………ナショナル製本



Printed in Japan　ISBN978-4-396-11595-1　C0221

〈祥伝社新書〉
歴史を楽しむ・学ぶ

527
# 壬申の乱と関ヶ原の戦い
なぜ同じ場所で戦われたのか
「久しぶりに面白い歴史書を読んだ」磯田道史氏激賞
東京大学史料編纂所教授 本郷和人

565
# 乱と変の日本史
観応の擾乱、応仁の乱、本能寺の変……この国における「勝者の条件」を探る
本郷和人

558
# 徳川家康の江戸プロジェクト
『家康、江戸を建てる』の直木賞作家が、420年前の都市計画を解き明かす
小説家 門井慶喜

545
# 日本史のミカタ
「こんな見方があったのか。まったく違う日本史に興奮した」林修氏推薦
国際日本文化研究センター教授 井上章一
本郷和人

588
# 世界史のミカタ
「国家の枠を超えて世界を見る力が身につく」佐藤優氏推奨
井上章一
小説家 佐藤賢一